ALEX ABATE

VIVI DA LEADER

3 Storie e Strumenti per il Coaching per diventare leader di te stesso e degli altri nel business e nella vita

Titolo

"VIVI DA LEADER"

Autore

Alex Abate

Editore

Bruno Editore

Sito internet

http://www.brunoeditore.it

Sommario

Ai mei figli Giancarlo e Adriano,

a mio padre

Prefazione

È un luogo comune ricordare che si è sempre soli al momento delle decisioni. Sulla *"solitudine del capo"* sono piene le biblioteche. Questo libro, però, ci insegna che non è vero. O meglio: è vero da un punto di vista fisico. Non lo è nella sostanza. Perché il capo, il leader al momento delle scelte è in compagnia di tutte le esperienze che ha accumulato nel corso della vita, ma ciò che realizzerà nel futuro sarà frutto della sua capacità e responsabilità di creare il nuovo, di creare il futuro.

Ci siamo incontrati e conosciuti con Alex a una serie di conferenze sulla leadership, dove eravamo conferenzieri, ma non avevamo conoscenza alcuna dei rispettivi contenuti delle conferenze. Al termine della giornata abbiamo scoperto di avere storie e radici professionali comuni, siamo stati entrambi promotori di evoluzione e di successo, io nel campo della formazione Aeronautica, lui nel campo del coaching, dello sviluppo delle capacità individuali per affermare sé stessi, nel proprio campo di attività. Durante i nostri incontri ci siamo

5

scambiati argomenti ed emozioni professionali che hanno poi creato effetti di risonanza nell'uditorio dato che i presenti erano tutti sintonizzati sui nostri concetti di sviluppo della leadership attraverso il coaching.

E questo libro supera ampiamente ciò che abbiamo affermato nelle conferenze poiché si concentra sull'essenza della leadership legata soprattutto alla capacità di sviluppare schemi mentali positivi, in grado di generare, a sua volta, atteggiamenti positivi in coloro che ci circondano: ciò rappresenta la premessa per liberare il potenziale intellettuale che è presente in ognuno di noi per partecipare al lavoro e, quindi, per raggiungere la meta indicata.

Questo libro, che per la prima volta, parte da tre racconti di vita vissuta, parte, oserei dire, con i piedi per terra, ci guida attraverso un piacevole cammino di lettura a individuare i segreti su cui poggia il successo per il leader, ci stimola verso il giusto approccio mentale sulla chiarezza della mente, sulla giusta strategia per raggiungere gli obiettivi. Per converso, questo libro ci indica che gli atteggiamenti negativi, non costruttivi hanno potere distruttivo in qualsiasi ambiente di lavoro.

Il partire da esperienze, di vita e professionali, ha il grosso vantaggio della così detta *"informazione di prima mano"*: molti descrivono le esperienze di altri, Alex invece ci fa rivivere le sue esperienze, ecco perché il libro mi ha trasmesso emozione e quindi aperture positive all'apprendimento.

Per la prima volta, il libro sul coaching ci insegna la metodologia da seguire per sviluppare noi stessi, il libro diventa il coach per ognuno di noi. La sua esperienza ha intersecato la mia, esercitata per molti anni in una realtà complessa come quella dell'Aeronautica, in campi operativi, industriali, formativi e internazionali, con condivisione assoluta degli aspetti valoriali e formativi.

Ricordo un episodio che è rimasto impresso nella mia mente, in un colloquio avuto con gli studenti della Scuola militare Douhet di Firenze. Erano convenuti a Firenze tutti i nuovi studenti in aggiunta a coloro che da anni avevano lasciato l'istituto e che erano già inseriti in attività lavorative o presso le università italiane. A molti di loro ho chiesto perché avevano sentito il bisogno di rivedersi in quell'istituto. Rimasi favorevolmente colpito dalle risposte: molti di loro mi dissero che grazie alla "Douhet" avevano acquisito la metodologia di come organizzarsi per raggiungere gli obiettivi di vita.

Non è facile gestire il sapere e trasmetterlo agli altri, questo libro, invece, offrendoci la conoscenza e la metodologia dei punti essenziali della leadership, ci potrà aiutare a fare le scelte migliori nella nostra vita e nelle nostre attività. Ci dice che non basta solo il volere nella vita, è necessario avere capacità di programmazione, essere convinti della meta prescelta ed essere custodi di tale meta, essere forti per superare i momenti critici che il percorso prescelto ci impone.

Ciò che realizzeremo sarà il frutto della nostra responsabilità, perché tutti coloro che ci circondano ci daranno solo il loro parere, è un loro diritto. La decisione responsabile, però, spetta al leader che deve decidere, anche in assenza di complete indicazioni, in clima d'incertezza. Queste sono le decisioni che fanno la differenza, che fanno da discriminante, che conferiscono autorevolezza al leader: la responsabilità ultima è sempre del leader.

Il grande Leonardo ha affermato *"triste è quel discepolo che non avanza il suo maestro"*, perché le speranze di crescita di un paese si poggiano sulla buona istruzione e educazione delle nuove leve.

Oggi si ricercano leader e non semplici manager per gli sviluppi aziendali, per l'incisività che la leadership apporta alla struttura, nell'interesse di un'attività economica più vitale.

Esistono molti leader, ma la leadership non è esclusiva per chi riveste i gradi apicali delle organizzazioni. Qualsiasi individuo, facente parte dell'organizzazione, che guida a sua volta un gruppo piccolo o grande d'individui, avrà necessità di un mentore per sviluppare se stesso e raggiungere gli obiettivi prefissati.

Questo libro è l'allenatore, il coach, per i leader variamente distribuiti nel panorama produttivo.

Gen. Pasquale PREZIOSA

Già Capo di Stato Maggiore dell'Aeronautica Militare 2013-2016

Introduzione

Era il giorno di San Pietro e Paolo, il 29 giugno di tanti anni fa. Lo ricordo come fosse ieri e ogni anno sul calendario del mio smartphone, in quella precisa data, è inserita come icona una torta con le candeline. Non è il giorno del mio compleanno, ma sicuramente è il giorno della mia ri-nascita.

Avevo circa 23 anni. Ero iscritto al corso di laurea in Scienze Economiche e Bancarie ma, in quel periodo, lavoravo in Kenya come chitarrista di piano bar e come guida safari nei selvaggi parchi nazionali africani e quel giorno, sulla bianchissima e finissima spiaggia di Watamu, rapito dall'incanto dei vividi colori cangianti dell'oceano Indiano che si infrangeva fragoroso sulla suggestiva e meravigliosa barriera corallina del Great Reef e dal soffio del vento sulla pelle salmastra e annerita dai forti raggi del sole, all'improvviso, precisamente alle 12,50, quell'incanto si è bruscamente arrestato, catapultandomi in un attimo, con violenza inaudita, in un tunnel buio, terrificante e dall'aspro sapore sanguigno.

In un solo istante ho capito cosa volesse significare istinto di sopravvivenza; dovevo proteggere la mia vita, ma anche quella di altre persone che erano con me. Nella mia mente, prepotente, si è presentato un bivio: vivere o soccombere. Dedurrai, caro amico che ti accingi a leggere questo mio libro, che scelsi la prima strada perché non sarei qui, dopo tanti anni, a scrivere queste mie pagine. Scelsi di prendermi cura della mia vita e delle persone che erano con me.

Ma, in quella manciata di secondi che sembravano durare un'eternità, capii che la mia vita da quel momento non sarebbe stata più la stessa, che tutto sarebbe cambiato, che avrebbe subito una radicale svolta per proseguire su un sentiero fino a quel momento non contemplato.

Perché la vita, in un istante, quando meno te lo aspetti, ti si presenta davanti in altre vesti; all'inizio fai fatica a riconoscerla immerso come sei in un buio fatto di terrore, orrore e disperazione, perdi la tua bussola e il tuo corpo senti che agisce e reagisce alla furia dell'evento.

Stringi i denti, tieni duro facendoti breccia tra il dolore e la rabbia disumana, omicida, che senti salire dentro di te come un fiume in piena e che sbatte violentemente contro le tue tempie, quella rabbia mai conosciuta prima, che inizia dal tuo cervello, quello più atavico, rettiliano, che ti sussurra *"difenditi e attacca"* per non soccombere e proteggerti da qualcosa di inspiegabile e irrazionale.

E ti ritrovi a re-agire e decidere in un millesimo di secondo cosa fare, come proteggerti, chi proteggere contemporaneamente per prima tra le persone che sono con te ma, cosa principale, come sopravvivere.

Non ho mai pensato, negli anni a seguire, di scrivere questa mia terribile avventura che sembra uscita da qualche film horror, nonostante gli innumerevoli suggerimenti e consigli di chi ha ascoltato questa storia.

Ora, invece, penso che possa esserti utile comprendere e dare un significato a come e cosa ho pensato, deciso e fatto in quei momenti per aiutarti, con l'ausilio degli strumenti che solitamente utilizzo nella mia attività di coach, a capire come imparare ad interpretare un evento e come trasformare una situazione, apparentemente a tuo svantaggio, in una tua grande opportunità di crescita, miglioramento ed evoluzione per vivere la vita che veramente più desideri.

Perché preferisco la parola evoluzione a cambiamento? Per 2 motivi: il primo, perché il cambiamento fa parte inesorabilmente del ciclo di vita di un essere umano. Basta guardare una tua foto di oggi, una di un anno fa e una di 10 anni fa. Sei sempre lo stesso? Certo che no. Ma possiamo fare in modo che il cambiamento in noi avvenga migliorandoci come persona e non peggiorandoci.

Perché possiamo cambiare in meglio o possiamo cambiare in peggio. Ma, con la giusta consapevolezza e gli strumenti che di qui a poco ti presenterò e che avrai a disposizione, puoi, sin da subito, gestire il cambiamento a tuo vantaggio e quindi trasformarti in quello che più vuoi diventare ed essere.

Il secondo motivo è che, da più di vent'anni, sono un coach e formatore, un allenatore mentale di imprenditori, manager, team, liberi professionisti e sportivi che vogliono migliorare le loro prestazioni, imparando a gestire le criticità, eliminare le interferenze e le negatività, sviluppare i propri talenti per sprigionare il potenziale inespresso e raggiungere gli obiettivi desiderati. E il mio compito con loro è proprio quello di fare in modo che possano trasformare la loro vita professionale e privata ed evolversi in ciò che più desiderano.

Quando ho pensato di scrivere questo libro la domanda che mi sono posto è stata: "di libri sullo sviluppo personale e professionale che ti suggeriscono come diventare il leader della tua vita ce ne sono centinaia. Non sono il primo né sarò l'ultimo. Ma, come posso fare in modo che questo mio libro abbia quel "*quid*", quell'elemento differenziante che lo distingua dagli altri? Che possa essere riconosciuto come un libro di coaching ma con un approccio diverso dagli altri che trattano lo stesso argomento?"

E la soluzione l'ho trovata proprio nel condividere con te alcune mie storie di vita vissuta. Non voglio presentartele con la presunzione di rappresentare modelli di vita da prendere a riferimento o degni dell'attenzione di un romanzo. Assolutamente no. Non è questo il mio intento. Sono pietre miliari della mia vita che ho deciso di raccontarti per spiegarti le strategie che ho utilizzato per poter finalmente afferrare saldamente tra le mani il timone della mia vita e guidarla da mari tempestosi verso porti più sicuri e tranquilli. E sono le stesse strategie di pensiero che utilizzo nell'allenare coloro che seguo come coach e che, alla fine di questo libro, anche tu potrai utilizzare. Perché *"se vuoi, anche tu puoi farcela. Se vuoi, puoi osare oltre quel muro"*.

Le storie che ti presenterò hanno tutte una costante nel mio modo di pensare: spostare il mio focus dal *"perché* è accaduto" al *"come poter trarre il massimo beneficio da ogni singolo evento"*. È questa la chiave di accesso per risalire, se ti trovi ora in uno stato di sconforto, affaticamento e di demoralizzazione, o per andare ancora più su, migliorarti e consolidare, per il futuro, quello che fino ad ora hai realizzato se, ora, stai vivendo nella tua stagione più florida.

Consciamente o meno, ogni essere umano, ha l'esigenza, prima o poi, a un certo punto, di prendere in mano il timone della propria vita per guidare sé stesso e gli altri verso un posto migliore rispetto a quello in cui si sta vivendo. E ciò comporta necessariamente la *capacità* di saper gestire con efficacia le relazioni familiari, l'attività professionale, la propria organizzazione o squadra di lavoro, ma anche saper gestire il proprio potenziale nello sport e preservare il proprio benessere ed equilibrio psico-fisico.

E questa *capacità* del leader, di saper gestire e armonizzare con efficacia ogni settore della propria esistenza, è la discriminante, quel quid che lo diversifica rispetto a chi, invece, non sa cosa desidera dalla propria vita e come ottenerlo; non sa in quale direzione sta andando perché non ha un obiettivo chiaro o non sa come raggiungerlo; non sa come sfruttare al meglio il proprio potenziale per spingersi oltre e ottenere i giusti risultati dai suoi sforzi; che non sa come affrontare, con la giusta determinazione, scelte e decisioni importanti ed impattanti per la qualità della propria vita e di chi gli vive accanto; o non sa come gestire efficacemente il suo tempo da dedicare alla propria famiglia, ai figli, alle relazioni, allo sport e al tempo libero.

Ricercare e prendere consapevolezza di questo elemento differenziante è l'obiettivo che mi prefiggo di consegnarti alla fine di questo libro, in modo tale che anche tu possa essere capace di applicare le stesse strategie e modelli di *coaching* che portano le persone ad avere successo in maniera *ripetibile* e *sostenibile* nel tempo e *replicabile* in ogni area della propria vita, illuminandoti il percorso per raggiungere ciò che veramente desideri di più ottenere e ottenerlo in modo rapido, efficace ed efficiente.

I tuoi talenti, abilità, conoscenze e competenze, le tue convinzioni potenzianti, i tuoi successi e mancati successi sono tutte risorse che ti serviranno per osare oltre quel muro, rappresentato dalle convinzioni limitanti, dalle interferenze che ancorano a una vita che non si desidera o di cui ci si accontenta. Ti invito a salirci su quel muro, capitolo dopo capitolo, per vedere il mondo finalmente da un'altra prospettiva e per poterti sentire e farti percepire, anche dagli altri, come il leader della tua vita.

Sì, proprio così, il leader della tua vita. Perché? Credi di non meritartelo? Credi di non poterci riuscire? Comincia ORA a crederci, comincia ORA a porti le seguenti domande: "perché no?

Perché non posso farcela? Cosa o chi me lo impedisce?".

C'è sempre, e dico sempre, l'opportunità di poter migliorare quello che stiamo già vivendo. Come te e prima di te è il percorso che ho dovuto affrontare anch'io per arrivare fin qui.

Resta con me e scoprirai nei prossimi capitoli come fare.

Buona lettura!
Alex Abate

CAPITOLO 1
I dettagli che fanno la differenza

Se a questo punto hai girato la pagina e sei arrivato a questo primo capitolo ti faccio i miei complimenti perché devo dedurre che un pizzico di curiosità l'hai avuta cogliendo l'opportunità di capire come gestire efficacemente la tua leadership.

VERITÀ n. 1: La leadership non è necessariamente esercitata in un contesto dove viene dichiarata ma è parte integrante della vita stessa di un uomo.

Ma da dove cominciare a costruire insieme a te, e per te, questo processo di valorizzazione di te stesso che ti porterà a sprigionare finalmente il leader che è già dentro di te?

Voglio iniziare a costruirlo con te partendo da quello che è il mio *"mantra"* che mi porto dietro da quando lessi questo aforisma per la prima volta in un corso di marketing e comunicazione che seguii poco prima di conseguire la mia laurea. È un aforisma di Michelangelo Buonarroti: *"Ogni capolavoro è fatto di dettagli"*. Pensa alla sua opera più bella, la Pietà. È fatta di tanti piccoli dettagli che, nell'insieme, costituiscono un grande capolavoro. E per creare questo immenso capolavoro, il grande genio ha prima visualizzato la sua opera finita all'interno di un semplice blocco di marmo e poi l'ha portata alla luce, lavorando sui minimi dettagli, con costanza, perseveranza e determinazione.

Perché questo aforisma? Perché così come ognuno di noi, anche tu, così come ha fatto Michelangelo con la sua Pietà, puoi lavorare su ogni tuo piccolo dettaglio, su ogni tua piccola risorsa e decidere di costruire il tuo personale capolavoro, per migliorare ancor di più la tua attuale situazione e vivere la vita che desideri; oppure, puoi decidere di continuare a rimanere dove sei ora.

VERITÀ n. 2: Tutto quello di cui hai bisogno è già dentro di te. Hai soltanto bisogno di cominciare ad allenarti ad essere un leader vincente di te stesso e degli altri.

E, se quello che stai vivendo ora non ti piace, sarai costretto a continuare a vivere rassegnato accontentandoti di quello che hai o, peggio, che non hai. Perché se non prendi ora una decisione importante e non fai ora un'azione significativa continuerai a fare sempre le stesse cose che hai sempre fatto e a vivere sempre la stessa vita.

VERITÀ n. 3: Se cominci a pensare diversamente dal tuo solito modo di pensare, ti trovi a generare soluzioni altrettanto diverse da quelle solite.

E se la tua vita di ora è quella che non vuoi, che ti piaccia o no, se lascerai la tua situazione così com'è, le conseguenze molto probabilmente avranno gravi ripercussioni su di te e sulla vita delle persone che ti sono accanto nel lavoro come nella vita. Non voglio spaventarti, ma soltanto farti prendere coscienza che, qualsiasi azione tu compia, produce sempre dei risultati. E dipende solo da te decidere che tipo di risultati ottenere.

Per spiegarmi ancora meglio: immagina che tu debba affrontare un viaggio in auto che ti porta da dove sei in questo momento a una qualsiasi meta da te stabilita. Secondo te, la tua auto può viaggiare e arrivare a destinazione con una ruota sgonfia o forata?

Sicuramente no. Certo, potresti arrivarci, ma con quali conseguenze per la tua incolumità e di chi viaggia con te? Senza considerare i danni che subirebbe in ogni caso la tua auto.

Bene, la tua vita è come la tua auto, dove ogni ruota rappresenta un'area della tua vita: la professione, gli affetti più cari (la famiglia, la vita di coppia, i figli), le relazioni sociali, il benessere fisico e mentale. Se trascuri e non mantieni in ottimo stato le gomme della tua auto e, alla stessa stregua, trascuri il benessere di anche una delle aree della tua vita, inevitabilmente, col tempo, avrai problemi e ripercussioni negative, così come per la tua auto, anche in tutte le altre aree della tua esistenza.

Anche in quell'area in cui per ora ti senti gratificato e dove tutto va a gonfie vele. Questo perché il malcontento, il disagio che provi in un determinato ambito condiziona inevitabilmente il tuo *pensiero*, le tue *parole* e le tue *azioni* e quindi i tuoi comportamenti in ogni settore, generando un effetto domino anche a discapito e distruggendo ciò che, con tanto sudore, hai costruito nel corso della tua vita.

La Ruota della Vita

Prova ora a fare questo esercizio che ti propongo. È uno dei più potenti strumenti di coaching che viene utilizzato e che utilizzo anch'io nelle mie sessioni di coaching. Rappresenta la fotografia della tua vita in questo preciso istante.

E, grazie ad un'unica visione d'insieme, che riesci ad avere dei diversi settori della tua vita, ti consente di visualizzare immediatamente quali aree ti gratificano di più e quelle, invece, su cui occorre focalizzare le tue energie per portarle ad un livello per te gratificante.

Cosa dovrai fare?

Riproduci su di un foglio bianco la ruota qui sotto disegnata. Per fare l'esercizio che ti propongo, utilizza una matita e una gomma, in modo tale da poterlo rifare anche a distanza di tempo e verificare i cambiamenti. Dovrai colorare ogni area della ruota con un valore di gratificazione per te che va da 0 (*assolutamente insoddisfatto*) fino a 10 (*del tutto soddisfatto*).

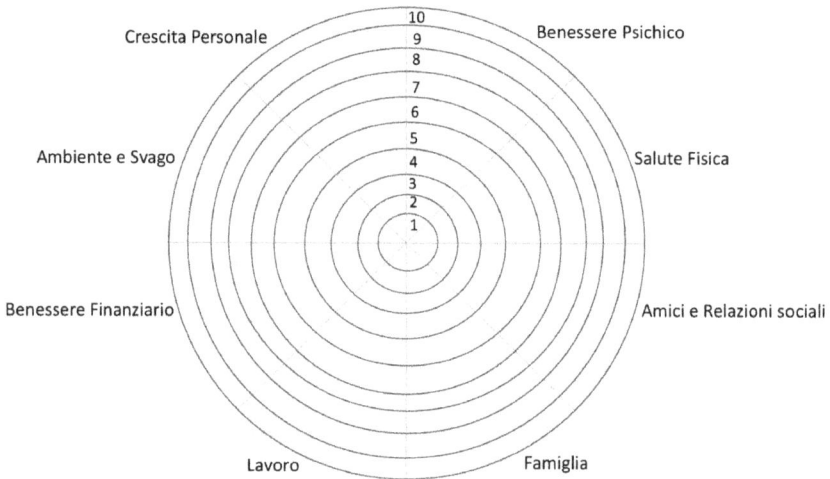

Ti aiuto a comprendere come interpretare queste aree ponendoti alcune domande per ogni area. Ma tu puoi anche porti altre domande oltre alle seguenti.

VERITÀ n. 4: Il leader pone a sé stesso domande di qualità che generano risposte di qualità e quindi pensieri, scelte, decisioni e azioni di qualità.

Famiglia: Quanto ti senti soddisfatto della vita famigliare? Pensi che il tempo che passi con i tuoi cari sia giusto e di qualità? Il rapporto col tuo partner ti gratifica? E quello con i tuoi figli?

Lavoro: Quanto ti senti appagato del tuo lavoro? Ti piace? Lo cambieresti con un altro più gratificante? Lo stipendio è congruo con quello che fai? Rispecchia le tue capacità e competenze? Riesci ad esprimere il tuo potenziale professionale?

Benessere finanziario: Sei soddisfatto delle tue entrate mensili? Oltre al tuo stipendio puoi contare anche su altre rendite? Riesci a gestire con serenità le tue spese o arrivi con ansia a fine mese? Puoi concederti qualche svago extra?

Ambiente e Svago: Ti piace l'ambiente in cui vivi? E quello in cui lavori? Sei soddisfatto dei luoghi che frequenti? Sei soddisfatto degli svaghi che riesci a procurarti?

Crescita personale: Quanti libri di crescita personale hai letto nell'ultimo anno? Investi in formazione per migliorarti? Cerchi il confronto con gli altri per migliorarti? Riesci a frequentare persone da cui pensi di poter apprendere?

Benessere Psichico: Riesci a gestire i tuoi stati d'animo? Come ti senti in questo momento: sereno o preoccupato? Riesci a gestire con tranquillità le difficoltà che incontri? Dormi serenamente?

Salute fisica: Ti prendi cura del tuo corpo? Ti senti soddisfatto del tuo corpo? Rispetti una sana alimentazione? Dedichi tempo allo sport? Lo fai costantemente o saltuariamente? Pensi di dover migliorare il tuo aspetto fisico?

Amici e Relazioni sociali: Ti senti a tuo agio con i tuoi amici? Potresti contare su almeno uno di loro in qualsiasi momento? Quanto ti senti gratificato dalla tua vita sociale?

Ora che hai terminato di colorare le diverse aree, avrai una visione globale di quelle che sono le tue aree in cui ti senti più gratificato e quelle invece che sono critiche e che necessitano di un piano strategico per poterle migliorare.

Quello che ti suggerisco, è di tenere sempre d'occhio e alimentare con azioni costanti e rinforzanti le aree in cui ti senti più gratificato; ti servirà per essere motivato e trovare lo sprone per porre in atto azioni strategiche per migliorare quelle aree in cui non ti senti soddisfatto. Individua, dal grafico appena disegnato, quale area ha necessità prioritaria di essere migliorata, attraverso un piano strategico d'azione e, una volta portata quest'area a un livello soddisfacente, prosegui con le altre aree.

Cosa devi fare nello specifico?
1. Focalizzati su quest'area e poniti un obiettivo a 30 giorni da realizzare per migliorare la tua situazione;
2. Stabilisci 3 azioni che ogni giorno devi fare con costanza, perseveranza e determinazione per poter realizzare l'obiettivo;
3. Individua quello che ti occorre per poter effettuare le 3 azioni quotidiane;
4. Fai un controllo ogni sera per verificare se hai effettuato le 3 azioni quotidiane che ti porteranno a realizzare l'obiettivo. Questo check giornaliero ti serve per monitorare i tuoi stadi di avanzamento e per mantenere alta la tua motivazione.

ESEMPIO – Obiettivo: Benessere fisico.
Domanda: Cosa voglio migliorare nello specifico del mio benessere fisico?

Risposta: Avere più energie per gestire efficacemente la mia giornata.

Domanda: Quali sono le 3 azioni da intraprendere nei prossimi 30 giorni con costanza, perseveranza e determinazione affinché possa raggiungere l'obiettivo?

Risposta: Evitare di fumare e di bere troppi alcolici; Fare una bella passeggiata di mezz'ora all'aria aperta la mattina presto; Curare una sana alimentazione prediligendo la colazione (*più abbondante*) ai pasti serali (*più frugali*).

Vedrai che piccoli e costanti cambiamenti quotidiani ti porteranno a grandi trasformazioni nel tempo.

RIEPILOGO DEL CAPITOLO 1:

- VERITÀ n. 1: La leadership non è necessariamente esercitata in un contesto dove viene dichiarata ma è parte integrante della vita stessa di un uomo.
- VERITÀ n. 2: Tutto quello di cui hai bisogno è già dentro di te. Hai soltanto bisogno di cominciare ad allenarti ad essere un leader vincente di te stesso e degli altri.
- VERITÀ n. 3: Se cominci a pensare diversamente dal tuo solito modo di pensare, ti trovi a generare soluzioni altrettanto diverse da quelle solite.
- VERITÀ n. 4: Il leader pone a sé stesso domande di qualità che generano risposte di qualità e quindi pensieri, scelte, decisioni e azioni di qualità.

CAPITOLO 2
Le Qualità e le Capacità del Leader

"Tra venti anni non sarete delusi dalle cose che avete fatto… ma da quelle che non avete fatto. Levate dunque l'ancora, abbandonate i porti sicuri, catturate il vento nelle vostre vele. Esplorate. Sognate. Scoprite." *(Mark Twain)*

Di definizioni di *leadership*, parola anglosassone, ce ne sono tantissime ma, quella che preferisco, è quella che deriva dall'accostamento di 2 termini: *leader*, che vuol dire "colui che conduce" e *ship,* che è la nave. Perché la leadership, nella civiltà anglosassone, veniva battezzata sul mare, nel confronto con la forza dell'oceano, col *sea-power*, metafora della potenza e degli elementi della natura, in cui si esalta la capacità dell'uomo leader di portare per mare il suo equipaggio verso terre ignote (*vd. Cristoforo Colombo*).

Questo, specie in epoche in cui, l'avventurarsi per mari ignoti, era affidata soltanto alla flessibilità e alla capacità del leadercomandante di saper gestire le difficoltà del navigare a vista, perché non c'erano strumenti di rilevazione, vedendo solo acqua intorno per lunghi periodi e sfruttando il favore degli elementi atmosferici, come il vento, per governare la nave e mantenere la rotta.

Ecco, quindi, che il comandante della nave, il leader, racchiude, a giusta ragione, le *qualità* e le *capacità*: di saper comunicare al proprio equipaggio entusiasmo e motivazione, facendo immaginare e sognare la meta ignota da raggiungere; di prendere le giuste decisioni rapidamente, specie in situazioni critiche, per fare in modo che la propria nave possa percorrere la rotta segnata, attraversare qualsiasi tipo di insidia marittima e uscirne incolume verso la meta.

Tutto questo era possibile grazie alla cooperazione dell'intero equipaggio (oggi *networking*) e alla mappa del viaggio che il comandante tracciava prima della partenza (la *strategia* da adottare per *pianificare* e raggiungere *l'obiettivo,* sulla base della *valutazione di tutte le risorse* a sua disposizione come uomini, dotazioni di bordo e tipo di imbarcazione).

Di qui nasce l'autorevolezza del leader basata sulla *fiducia*. Parliamo di fiducia che l'equipaggio ripone nelle qualità e capacità del loro leader di condurli in sicurezza alla meta ambita. Ma parliamo, anche, della fiducia che il comandante deve riporre nei confronti dei propri uomini, affinché possa dare le giuste disposizioni e ottenere da loro i risultati richiesti; fiducia che, inevitabilmente, deriva dalla conoscenza e valorizzazione di ciascun elemento dell'equipaggio e del ruolo che ognuno di loro ricopre.

Un giorno, ero presso una mia azienda cliente per una sessione di *Leadership e Team Coaching* e, durante la spiegazione dell'etimologia della parola leadership, in maniera un po' bizzarra ma, al contempo creativa, individuai, azzardando, all'interno della parola LEADERSHIP, una terza parola.

Prima di continuare a leggere, invito anche te a fare questo piccolo esercizio e trovare la terza parola oltre a LEADER e SHIP. Fermati un attimo e prova ad individuarla; fai in modo che la tua mente possa cominciare a ragionare fuori dai tuoi soliti schemi logici. Ci sei riuscito? Con un pizzico di intuito sono sicuro che l'avrai individuata. Certo che, chi ha fatto studi classici, magari, è più avvantaggiato perché la parola in questione è ADE all'interno della parola LE**ADE**RSHIP.

Nei poemi omerici *Iliade* e *Odissea,* che ho adorato e letto, ma anche nell'*Eneide* di Virgilio, è sempre ricorrente l'ADE, gli Inferi. E il personaggio menzionato nei poemi, il traghettatore che trasporta le anime, con la sua imbarcazione, dalla vita verso un luogo pieno di misteri e sconosciuto, appunto gli inferi, attraversando il fiume Stige, è *Caronte.* Nulla si sapeva cosa ci fosse oltre quel fiume. Ecco che, nella mia sessione di coaching, ebbi l'intuito, direi *osando,* di associare in maniera eclettica e bizzarra, la figura del leader a quella di Caronte.

Perché questa metafora? Perché nel mio immaginario, il leader è, come Caronte, un traghettatore. Non voglio assolutamente associare gli inferi all'obiettivo che il leader si prefigge di raggiungere con il suo gruppo.

Ma vorrei sottolineare che il leader autorevole è colui che è capace, con la sua *visione* e la sua capacità persuasiva, di con-

vincere le persone ad uscire dalla propria zona di comfort e, motivandole, fare in modo che lo seguano verso una meta, fatta di tante incognite, che presuppone consapevolezza di sfide e sacrifici da fare per raggiungerla (di qui l'accostamento agli *inferi*); una meta dai contorni ancora inesplorati ma, sicuramente, più vantaggiosa rispetto alla situazione attuale.

E se ci pensi, un po' traghettatori verso l'ignoto, ma con la giusta consapevolezza delle nostre abilità, lo siamo tutti ogni qualvolta affrontiamo delle sfide che ci portano ad abbandonare le nostre certezze per l'incerto, alla ricerca di un posto migliore dove andare rispetto a quello che intendiamo lasciare; ogni volta che siamo chiamati a metterci in discussione e affrontare delle prove importanti ed impegnative che ci portano al di là dei confini del nostro potenziale espresso e al di là del nostro ambiente conosciuto e controllato dalle nostre sicurezze.

E traghettatori lo sono stati tutti i grandi leader della storia. Pensa a Mosè, quando convinse il suo popolo ad attraversare il Mar Rosso verso la terra promessa; ad Alessandro Magno, quando convinse il suo esercito a spingersi ad Oriente oltre il mondo fino ad allora conosciuto; a Napoleone, quando guidò le sue truppe contro il Generale Inverno nella campagna di Russia. Ulisse, con il suo perenne desiderio di sfidare sé stesso e gli dei del mare, spingendosi con i suoi uomini, al di là delle Colonne d'Ercole, oltre le quali nulla era più conosciuto. E lo stesso Cristoforo Colombo. E potrei citare tanti altri grandi leader.

Ma cos'hanno in comune questi grandi leader? Così come anche Gandhi, Madre Teresa, Martin Luther King e tanti altri? Qual è quel *quid* che ha fatto in modo che grandi condottieri potessero muovere migliaia di uomini verso una meta ambita ma completamente sconosciuta o, dotati di immensa spiritualità, vincere senza mai combattere? Quel quid risiede nella loro *Visione*.

VERITÀ n. 5: Tutti i leader hanno in comune la capacità di visualizzare il futuro che desiderano e portarlo nel presente.

Riescono a vedere il futuro che desiderano per il proprio bene e per quello delle collettività che guidano. Riescono a gettare un ponte sul futuro, a visualizzare e far visualizzare la loro missione come qualcosa di ambito e desiderato, percepirlo e farlo percepire come fattibile, motivante, raggiungibile e, soprattutto, come una situazione di vita migliore di quella che si sta vivendo in quel preciso istante.

Questa capacità, di portare nel presente il futuro desiderato, porta a un senso di disagio della situazione che si sta vivendo nel presente e al desiderio, quindi, di volere ardentemente quel futuro visualizzato. È quello che i bravi leader in azienda con le loro squadre riescono a creare: il cosiddetto *committement.* E perché alla fine i leader di sé stessi o i leader di piccole e grandi organizzazioni hanno successo e riescono ad automotivarsi e motivare? Semplicemente perché hanno fiducia e sicurezza nelle proprie capacità e tale fiducia e sicurezza viene percepita anche dai loro uomini.

VERITÀ n. 6: Il leader vincente è fiducioso e sicuro delle proprie capacità, del suo potenziale e di quello dei propri uomini. E sa infondere fiducia e sicurezza. Solo se le persone percepiscono fiducia e sicurezza saranno disposte e seguire il proprio leader.

Sono queste le parole chiave che accomunano tutti i grandi leader: *fiducia* e *sicurezza* in sé stessi, ma anche nei confronti dei loro uomini. E da dove deriva questa fiducia? Dalla loro ferma convinzione di credere in sé stessi, nelle loro abilità e capacità, competenze e nel loro potenziale.

Tutto questo si trasforma in energia che viene percepita dal gruppo che si guida, tanto da infondere sicurezza e fiducia. E se le persone non hanno fiducia nel proprio leader, il leader è solo e non è un vero leader.

La fiducia è frutto di un processo che parte da molto lontano. Va costruita un tassello alla volta, proprio come l'aforisma di Michelangelo: per costruire un grande capolavoro devi prima di tutto visualizzare il tuo progetto nella tua mente. E mi riferisco a qualsiasi tipo di progetto: un cambio di attività professionale, un avanzamento di carriera, un progetto aziendale, un progetto di vita o famigliare, un percorso di dimagrimento e così via.

E, solo dopo aver fatto chiarezza di cosa vuoi realizzare, cominci a lavorare sui dettagli per acquisire capacità, credibilità, autorevolezza.

Pensaci un attimo. Quando sei disposto ad osare di scalare ed andare oltre quel muro? Quando le persone che sono al tuo fianco decidono liberamente di seguirti in qualche tuo progetto? Questo accade solo quando ti fidi in primis tu delle tue capacità, sei convinto di potercela fare, quando hai chiari i passi e le azioni da compiere nella direzione verso la destinazione e nel tempo prestabilito.

Solo quando confidi nel tuo infinito potenziale, quando hai chiarezza delle tue risorse interiori e di quelle della tua organizzazione, quando hai chiarezza di intenti e trasmetti con efficacia e determinazione, sia a te stesso che agli altri, cosa vuoi realizzare, solo allora acquisisci fiducia in te stesso e gli altri, percependo questa sicurezza, hanno fiducia in te e sono pronti e disposti a seguirti.

Ma un'altra peculiarità del leader che mi preme sottolinearti è quella della sua *responsabilità*. Perché spetta a lui e solamente a lui la decisione finale, la responsabilità delle sue scelte e delle sue azioni. È in questa parola, *respons-abilità*, ossia il responso, il risultato che ne deriva dalle sue abilità, che è racchiusa, a mio avviso, l'intera essenza del leader.

VERITÀ n. 7: Per quanto possa essere coadiuvato e supportato dal suo gruppo, il leader, nell'atto di dover prendere una decisione importante, è sempre solo.

RIEPILOGO DEL CAPITOLO 2:

- VERITÀ n. 5: Tutti i leader hanno in comune la capacità di visualizzare il futuro che desiderano e portarlo nel presente.

- VERITÀ n. 6: Il leader vincente è fiducioso e sicuro delle proprie capacità, del suo potenziale e di quello dei propri uomini. E sa infondere fiducia e sicurezza. Solo se le persone percepiscono fiducia e sicurezza saranno disposte e seguire il proprio leader.

- VERITÀ n. 7: Per quanto possa essere coadiuvato e supportato dal suo gruppo, il leader, nell'atto di dover prendere una decisione importante, è sempre solo.

Prima Storia
"Impara l'arte e mettila da parte"

Nel silenzio della notte, all'improvviso, i miei sogni di diciottenne, si infransero fragorosi contro il soffitto di una stanza di ospedale.

Ho sempre praticato tanto sport durante la mia adolescenza ed ero un promettente atleta di nuoto. Mi piaceva praticare qualsiasi tipo di sport pur di stare lontano dai libri. Al liceo non ero uno studente modello ma studiavo il necessario pur di evitare di essere rimandato a settembre. In compenso, mi piaceva passare ore ed ore in piscina e palestra a curare il mio fisico e forse lo facevo, oltre al fatto che mi faceva stare bene, anche per compensare il fatto che i miei compagni erano tutti più alti di me. Per cui, cercavo di mettermi sempre al centro dell'attenzione con il fisico e con il mio carattere allegro e spensierato.

Avevo tanti progetti sportivi ma la vita, un giorno, mi presentò davanti il mio primo grande muro da scalare: in seguito ad un incidente, avrei passato i 2 anni a seguire in un letto di ospedale. E dal paese in cui vivevo, mi ritrovai al *Pro Juventute "Don Gnocchi"* di Roma, un centro di riabilitazione specializzato, dove, solo e lontano dalla mia famiglia, vi rimasi per ben 2 lunghi anni. Gli anni più belli di un ragazzo appena diciottenne.

Trafitto da chiodi nelle gambe, i primi mesi sono stati devastanti a livello psicologico oltre che dai dolori fisici. Soffrivo a ricevere le lettere dei miei amici e compagni di scuola che mi raccontavano la loro quotidianità molto differente dalla mia.

E passavo le giornate, tra dolori lancinanti, contando le ore, i minuti e i secondi che erano interminabili. E poi di nuovo l'incubo del buio della notte. Sempre sveglio! Il silenzio della notte, le luci soffuse che tenuamente illuminavano il corridoio mentre io ero sveglio, letteralmente a contare le pecore, mentre i dolori si amplificavano in quel silenzio. Desideravo, come l'ultimo dei miei desideri, che sorgesse l'alba per ricominciare a cercare qualche distrazione per non pensare.

"Ogni giorno della vita è unico, ma abbiamo bisogno che accada qualcosa che ci tocchi per ricordarcelo". *(Aruki Murakami)*

Fu proprio in una notte tormentata che cominciò a delinearsi, nella mia mente, una domanda che cominciò a martellarmi sempre di più man mano che passavano le notti: "come posso distrarmi dai dolori durante la notte? Se non posso dormire, come posso impiegare il mio tempo, senza dover sempre scomodare le pecore da contare?"

Fu durante una nottata a pensare che decisi di incominciare a leggere un libro che qualche giorno prima mi avevano regalato. Era un romanzo archeologico *"Civiltà sepolte"* di C. W. Ceram. Non avevo voglia di leggere durante il giorno, sia per il mio stato d'animo, che per i dolori che mi perseguitavano. Ma ricordo che quella notte cominciai a leggere il primo capitolo e poi, cominciai ad appassionarmi sempre di più a quella lettura perché mi piaceva l'idea che quel libro si focalizzasse, non sulla mera descrizione delle scoperte, ma sul carattere appassionante, drammatico, profondamente umano delle ricerche archeologiche.

Ho cominciato a viaggiare con la fantasia, quasi assistendo, in prima persona, ai favolosi trionfi registrati nelle scoperte di civiltà scomparse, al seguito di archeologi, scavatori, ostinati studiosi come *Heinrich Schliemann* che riuscì ad individuare il sito dell'antica Troia; fino a giungere alle esplorazioni americane nei territori dei Maya e degli Aztechi.

Un'avventurosa storia dell'archeologia nei suoi principali teatri: il Mediterraneo, l'Egitto, la Mesopotamia, l'America. Questa cosa di narrare e rendere semplice e fruibile a tutti una materia così importante, ma al contempo ostica, come l'archeologia, mi catturò letteralmente.

Durante il giorno aspettavo con ansia la notte per immergermi nel mio mondo fatto di antiche civiltà. Navigavo in un mondo dove ero a fianco di Ettore e di Achille, di Agamennone, entravo nei sontuosi palazzi dei Faraoni o scalavo le *ziqqurat* (strutture religiose) mesopotamiche. In questa dimensione non soffrivo più, i dolori psicologici e fisici svanivano come per incanto, lasciando il posto alla mia sete di sapere. Fu questo amore a prima vista per l'archeologia che fece nascere in me l'idea di cominciare a

44

commentare, a mettere su carta considerazioni personali relative a canti di guerra degli Aztechi o dei Maya. Quei miei scritti, da allora, sono rimasti chiusi in un cassetto, ma hanno colmato il vuoto che si creava ogni notte intorno a me.

Le notti passavano, giorni, settimane, mesi, stagioni. E io sempre lì. Sì, ora dormivo, ma ora la notte era diventata mia amica, perché era in quelle ore che potevo sperimentarmi in nuove discipline come, per esempio, il desiderio, dirompente ed improvviso di una notte, di imparare a suonare la chitarra. Chiesi a mio padre di portarmi una chitarra da studio con un libro tutorial per imparare a suonare.

E fu così che la notte, in sordina, accarezzando lievemente le corde della chitarra, per non disturbare il sonno degli altri compagni di stanza, le mie dita iniziarono a giocare prima sul "giro di Do" per poi passare ad improntare, ad orecchio, le prime canzoni. La prima *Sapore di sale* mi riempì di orgoglio. Ce l'ho fatta!!! Da solo!!! Senza modelli di riferimento, senza confrontarmi con qualcuno. Fu allora che cominciai a fantasticare ed immaginare il mio primo concertino con la mia chitarra, una

ECO STUDIO L, di fronte agli altri ragazzi ricoverati. Ma soprattutto per fare colpo sulle ragazze ricoverate al terzo piano.

Fu così che dopo poche settimane, dopo tanti esercizi, una mattina misi a tracolla la mia amata chitarra, inforcai pian piano le mie stampelle, mi avventurai nell'atrio del centro di riabilitazione, mi sedetti tra gli altri pazienti del centro e, chitarra in mano, intonai le prime note di un brano cercando di far breccia nel cuore di qualche ragazza che assisteva al mio primo assolo di chitarra.

Avevo finalmente dato un senso alla mia forzata residenza. E, col passare del tempo, le giornate non mi sembravano più così grigie. Ora, il mio unico e solo scopo era come poter sfruttare e impiegare al meglio il tempo a mia disposizione.

Passavo le mie giornate facendo tanta fisioterapia per accelerare la mia guarigione, mi confrontavo con tutti gli altri che prima di me erano riusciti ad avere grandi risultati, li guardavo muoversi prima con le stampelle, poi con una sola stampella e poi senza. Li guardavo e replicavo tutto ciò che li aveva portati a quei risultati. Tra un ciclo di fisioterapia e l'altra, leggevo, studiavo, suonavo e cantavo.

Ho trascorso in quel centro due anni della mia vita. Gli anni più belli per un ragazzo di quell'età. Gli anni in cui la spensieratezza si mischia alle prime grandi responsabilità, come quella di completare il liceo e decidere la strada da intraprendere per il futuro. Gli anni della patente, meta ambita di tutti i diciottenni, delle prime guide e degli stratagemmi per convincere tuo padre a darti le chiavi della sua auto per poter uscire la sera. Tutto questo per me fu rinviato di qualche anno.

Il giorno del definitivo congedo ero un'altra persona da quello che entrò in quell'ospedale 2 anni prima. Non perché più grande anagraficamente, ma perché avevo ricalibrato il mio approccio e percezione con la realtà che mi circondava. Ero entrato in ospedale con il grande punto interrogativo di come ne sarei uscito.

Uscii dal portone del centro senza stampelle, tornando a camminare normalmente. Ma con dentro una grinta e una voglia di riscatto indescrivibile. Ero finalmente sulla cima di quel muro che mi si era parato davanti due anni prima. Non ce l'avevo più davanti a me ma era sotto i miei piedi. Ero lì, in cima al muro, a guardare oltre pensando di osare oltre quel muro. Anzi, da quel momento in poi, ogni muro è stato per me un motivo di sfida.

"Si hanno due vite. La seconda comincia il giorno in cui ci si rende conto che non se ne ha che una". *(Confucio)*

Quei 2 anni, passati tra le sofferenze più atroci, mi hanno fortificato psicologicamente, sostituendo a una degenza *"parcheggiata"* una degenza produttiva. Questo è stato possibile, grazie alla mia capacità di spostare il mio sguardo dalla disperazione, alla direzione verso una destinazione, non più chiudendomi in me stesso ma accogliendo e confrontandomi con il mondo; ripartendo, con rinnovata grinta e con la voglia di sperimentare ed assaporare ogni più piccola opportunità, come quella di tornare a fare una semplice passeggiata.

Quella mattina del congedo, quei passi li ho fatti con la consapevolezza che, di lì a qualche minuto, fuori da quel centro, mi stava aspettando la mia nuova vita. Ho respirato profondamente uscendo dalla mia stanza, assaporando, fino in fondo, ogni piccolo passo che mi separava dal portone di uscita fino alla macchina di mio padre. Ho sentito entrare nei miei polmoni l'aria fresca del mattino. Mi sedetti in macchina. Respirai ancora una volta profondamente chiudendo gli occhi. In quel respiro, mi passarono nella mente tutti gli attimi di quei due anni.

Guardai oltre il finestrino verso la rampa che portava all'androne di entrata. Il mio sguardo attraversò tutto il corridoio, in un'istante, guardai nella mia mente ogni angolo di quel Centro che mi ha accolto per così lungo tempo. Mio padre mise in moto l'auto, ingranò la prima, la macchina lentamente si allontanò e io in quel preciso istante pensai *"ora incomincia la mia nuova vita"*.

Una volta uscito da quel centro mi ripresi la vita con gli interessi. La prima cosa che feci, fu andarmi a prendere quel tanto desiderato brevetto di istruttore della Federazione Italiana Nuoto e cominciai ad insegnare nuoto presso il C.U.S. di Bari. Ripresi a fare sport diventando trainer di body building e dedicandomi anche a sport estremi e immersioni subacquee anche con gli squali. Insomma, tutto quello che sognavo di fare, in quelle notti insonni, era diventato finalmente realtà.

Schema di pensiero utilizzato in questa situazione

OBIETTIVO: Come poter sfruttare il tempo a mia disposizione per distrarmi dai dolori, investire sulla mia crescita personale e influire, positivamente, sulla mia ripresa fisica e sul mio benessere mentale.

COSA HO FATTO: Ho focalizzato la mia attenzione non sul *perché* fosse successo ma sul *come* poter ottenere risultati evidenti, efficaci e motivanti in tempi relativamente rapidi.

PERCHÈ L'HO FATTO: Perché, se non avessi trovato degli interessi, avrei peggiorato il mio stato d'animo, aggravando la situazione e procrastinando i tempi di guarigione.

FATTORI CRITICI DI SUCCESSO: Ho studiato ed investito il mio tempo libero sulla mia crescita personale sapendo che, tutto quello appreso, un giorno uscito da lì, mi sarebbe tornato utile *"impara l'arte e mettila da parte";* Ho sfruttato al massimo le ore diurne dedicandomi alla fisioterapia. Questo mi ha portato ai seguenti risultati: accelerare il mio processo di guarigione; ridurre i tempi di degenza; confrontarmi con chi era nella mia stessa situazione ma che, arrivato nel centro di riabilitazione prima di me, aveva già avuto ottimi risultati di ripresa. Questo, mi permetteva di studiare le loro strategie di riabilitazione e il loro stato d'animo, per poterlo poi replicare con altrettanto successo.

ERRORI CHE HO EVITATO: passare il mio tempo con persone che non facevano altro che lamentarsi della loro situazione. Inoltre, ho evitato, durante il giorno, di rimanere fermo a letto. Infatti, il cervello avrebbe recepito inconsciamente questo mio stato e mi avrebbe portato ad aggravare la situazione. Inforcavo le stampelle e, nonostante i dolori, cercavo sempre il confronto costruttivo con altre persone. Infine, ho sempre evitato di pensare al tempo che ancora avrei trascorso lì dentro, concentrandomi, ogni giorno, a visualizzare e assaporare il momento in cui sarei andato via da quell'ospedale senza stampelle e avrei riscattato tutto il tempo trascorso lì dentro.

"Non piangere perché è finita, sorridi perché è accaduto". *(Dr. Seuss)*

CAPITOLO 3
I 3 Pilastri del tuo Successo

A prescindere dalla tua situazione in questo preciso istante, non importa la tua età, se sei ricco o povero; non importa se hai titoli di studio o meno; non importa che competenze professionali hai acquisito, ognuno di noi ha un potenziale per cambiare e migliorare la propria situazione e, ciò che ti porterà verso la parte più alta di quel muro per poter vedere finalmente oltre, o ciò che ti farà continuare ad avere successi ed essere in piedi su quel muro, è la tua capacità di basare la creazione, lo sviluppo e il consolidamento della tua leadership su 3 pilastri, le *3 C del successo,* che ogni leader utilizza e che gli consentono di replicare lo stesso successo in ogni area della propria vita.

Basare la costruzione della propria leadership su questi 3 pilastri, significa definire la caratteristica distintiva, il quid, il valore aggiunto, che contraddistingue un leader abituato a vincere sempre, rispetto a chi perde ed è abituato a perdere sempre. Gli stessi 3 pilastri su cui, alla fine di questo libro, anche tu potrai poggiare le fondamenta per la costruzione del tuo essere leader.

Gli stessi pilastri che saprai anche tu come utilizzare e che ti consentiranno di acquisire quel valore aggiunto necessario per:

- imparare a saper gestire i tuoi stati d'animo in seguito all'interpretazione degli eventi che ti accadono;
- imparare a direzionare le tue azioni.

LE 3 C DEL SUCCESSO

1. Consapevolezza;
2. Chiarezza;
3. Capacità.

VERITÀ n. 8: Essere leader significa essere consapevoli del proprio potenziale, della chiarezza della direzione verso un obiettivo e della capacità di prendere decisioni e agire in situazioni critiche.

1. Consapevolezza. Di chi sei oggi, della mappa dei tuoi *talenti*, *capacità*, *abilità* e *competenze* fin qui maturate, delle tue esperienze e dei comportamenti e delle azioni che compi in base ai tuoi *valori* e alle tue *convinzioni* e di come interpreti, valuti e reagisci agli eventi che ti accadono. In tutto questo, è racchiusa la tua consapevolezza del tuo potenziale, grazie al quale, potrai dire a te stesso che anche tu puoi farcela e vivere la tua vita da leader. Ma cosa sono nello specifico i talenti, capacità, abilità, competenze, valori e convinzioni?

TALENTO: è la predisposizione innata per certe attività. Ad esempio il talento per il disegno, la musica, il canto, gli affari, la vendita e così via.

Elenca su di un foglio quali sono i tuoi talenti. Ti invito d'ora in poi ad elencare su di un foglio quanto ti chiederò perché, questo processo di scrittura, ti aiuta a prendere più rapidamente consapevolezza delle tue risorse.

VERITÀ n. 9: Non basta avere il solo talento per eccellere. Per essere leader, occorre che questo talento venga allenato attraverso l'esercizio e l'istruzione, per formare le capacità, affinare le abilità, irrobustire le competenze.

CAPACITÀ: intesa come capacità di saper fare qualcosa. Ad esempio la capacità creativa, quella manuale, organizzativa, insieme a molte altre, sono quelle capacità basilari che si formano partendo dalle attitudini e dai talenti per essere sviluppate attraverso l'istruzione e la formazione.

Elenca su di un foglio quali sono le tue capacità e quelle che ti mancano ma che, secondo te, dovresti avere.

ABILITÀ: intesa come destrezza, esperienza e perizia in una determinata attività raggiunta mediante l'esercizio, sfruttando il talento ed allenando le capacità.

Elenca su di un foglio quali sono le tue Abilità e quelle che, secondo te, dovresti maggiormente allenare.

COMPETENZA: intesa come l'insieme delle conoscenze e abilità necessarie, per poter espletare, in maniera eccellente, una determinata attività (*professionale* ma anche non necessariamente professionale).

Elenca su di un foglio quali sono le tue competenze e quelle che, secondo te, ti mancano ma che dovresti avere per espletare al meglio la tua attività.

VALORI: sono la tua bussola. Guidano i tuoi comportamenti e le tue azioni. Perché sono ciò che è importante per te; ciò che dà significato alla tua esistenza.

Elenca su di un foglio ciò che reputi veramente importante per te.

CONVINZIONE: È un'idea, un'opinione, ciò che tu credi relativamente a una determinata situazione, persona, argomento.

Per cui, i tuoi comportamenti sono il frutto delle tue convinzioni.

Le convinzioni determinano come pensi e, come pensi, determina ciò che dici a te stesso e alle persone con cui interagisci; e i tuoi dialoghi inducono a una serie di atteggiamenti che si traducono in azioni e quindi in risultati che, a loro volta, tornano ad alimentare le tue convinzioni.

Le convinzioni nascono dalle esperienze che hai fatto nel corso della tua vita a cui hai dato un significato; oltre che da tutte le informazioni che consapevolmente, o inconsapevolmente, accogli nella tua mente. Immagina che la tua mente sia come un contenitore, un vaso di vetro trasparente. Quando sei nato, questo vetro era pulito, senza nessuna macchia, senza nessun elemento all'interno. Poi man mano che sei cresciuto, in questo vaso sono stati introdotti tanti elementi. Questi elementi sono rappresentati dalle informazioni che hai ricevuto dalla tua famiglia, dalla scuola, dall'ambiente socio culturale in cui sei cresciuto e dall'ambiente professionale in cui operi.

E, queste informazioni, sono come gli elementi che opacizzano il contenitore di vetro che non potrà mai più tornare allo stato originario. Tutte quelle incrostazioni sono le tue idee che, gradualmente, formi in base alle informazioni che ricevi. Idee che poi, avvalorate dalle tue esperienze soggettive, si trasformano in convinzioni che, se hai vissuto o vivi esperienze negative, possono essere *de-potenzianti*, ossia che limitano il tuo comportamento e quindi il tuo infinito potenziale, oppure, convinzioni *potenzianti*, se le tue idee sono supportate da successi o esperienze positive, che aiutano a sprigionare il tuo potenziale e che alimentano un processo di continuo e costante miglioramento.

2. Chiarezza. Di ciò che desideri realizzare, della direzione verso cui andare per raggiungere il tuo *scopo*.

3. Capacità. Di *come* utilizzare le giuste strategie per *scegliere*,

57

decidere e *agire*. Non è solo importante prendere le decisioni ma, ciò che veramente conta, sono le strategie di come prendi le decisioni e agisci di conseguenza.

C'è una grande differenza tra focalizzare un obiettivo a livello razionale, pianificarlo e organizzarlo, rispetto a desiderarlo a livello inconscio, dove il nostro obiettivo può essere sabotato dalle nostre interferenze interne tra cui, appunto, una convinzione limitante che potrebbe essere rappresentata, ad esempio, da quella vocina che ti sussurra *"non sono capace; non ce la posso fare; non me lo merito; e così via"*.

Diversamente, la convinzione potenziante si traduce in pensieri di sicurezza, di certezza di potercela fare; i pensieri vengono espressi verbalmente con frasi del tipo: *"ce la posso fare; posso riuscirci; cosa o chi me lo impedisce?; sono all'altezza della situazione; ho le capacità per poterlo fare; e così via"*. Ecco, quindi, che ciò che pronunci si trasforma in azione proattiva con la finalità di raggiungere l'obiettivo prefissato. Alla fine, le azioni producono i risultati.

VERITÀ n. 10: Quando la convinzione è potenziante, il leader ha un via libera a spingere al massimo il proprio potenziale affinché l'obiettivo, formulato a livello razionale, possa essere raggiunto.

Di qui la tua motiv-azione (*motivo che ti spinge all'azione*) a fare sempre meglio e sempre di più. La trasform-azione, che alla fine ottieni, è il risultato di ciò che hai creduto fortemente di poter realizzare: un obiettivo prima desiderato, poi visualizzato, pianificato e, infine, deciso di realizzare attraverso un piano d'azione. Quando in te è radicata una convinzione potenziante, ogni ambito della tua vita, privata, professionale, del benessere fisico e mentale sono terreno fertile su cui delineare i tuoi obiettivi.

VERITÀ n. 11: È l'azione verso la direzione che ti porterà a destinazione.

Le difficoltà cominciano quando il raggiungimento del tuo obiettivo è ostacolato dalle tue interferenze interne, dalle tue convinzioni limitanti, che non favoriscono la produzione di pensieri produttivi e positivi e, quello che ti racconti, costituisce l'inizio del tuo fallimento, del sabotaggio del tuo obiettivo.

Si è soliti dire che i vincenti hanno l'abitudine di continuare a vincere, mentre i perdenti quella di continuare a perdere. Pertanto, alla luce di quanto scritto fin qui, devo darti 2 notizie: una negativa e una positiva.

Quella *negativa* è che, se continuerai a fare sempre le stesse cose, otterrai sempre gli stessi risultati nel bene ma, in questo caso, soprattutto nel male. Pertanto, se di fronte a una sfida, al voler realizzare un determinato obiettivo, continuerai ad approcciarti con lo stesso atteggiamento che è stato causa di fallimento in altre circostanze, questo stesso atteggiamento, porterà, anche in questo caso, all'insuccesso di quanto ti sei prefissato.

La notizia positiva, invece, è che ora hai, in questo preciso istante, la possibilità di poterti assumere la responsabilità della tua vita; hai la possibilità di sederti finalmente al posto di guida della tua vita, per guidare la tua auto verso un posto migliore di quello attuale. Dovrai semplicemente migliorare quello che già stai facendo ma, facendolo diversamente, con una flessibilità di pensiero e di interpretazione degli eventi che ti accadono, al fine di cambiare approccio e trasformarti e replicare i successi che otterrai in un'area, in tutte le altre aree della tua vita.

VERITÀ n. 12: La flessibilità di pensiero e di interpretazione di un evento è alla base dell'essere leader di te stesso e degli altri, del tuo cambiamento, della tua trasformazione e quindi dell'evoluzione che più desideri.

Basterà scoprire ciò che si vuole e scoprire la strada più facile e veloce per arrivarci ed ottenerlo. In altri termini, perché anche tu possa diventare un leader autorevole, capace, responsabile ed affidabile è necessario che la tua esistenza poggi su questi 3 pilastri del successo.

Quello che sei oggi e quello che vuoi diventare, dipende più di ogni altra cosa da questi 3 pilastri. E questo perché noi siamo il frutto delle nostre esperienze, dei nostri comportamenti, pensieri, parole e azioni e, quello che vogliamo diventare, dipende dalle decisioni che siamo disposti a prendere ora.

RIEPILOGO DEL CAPITOLO 3:

- VERITÀ n. 8: Essere leader significa essere consapevoli del proprio potenziale, della chiarezza della direzione verso un obiettivo e della capacità di prendere decisioni e agire in situazioni critiche.

- VERITÀ n. 9: Non basta avere il solo talento per eccellere. Per essere leader, occorre che questo talento venga allenato attraverso l'esercizio e l'istruzione, per formare le capacità, affinare le abilità, irrobustire le competenze.

- VERITÀ n. 10: Quando la convinzione è potenziante, il leader ha un via libera a spingere al massimo il proprio potenziale, affinché l'obiettivo, formulato a livello razionale, possa essere raggiunto.

- VERITÀ n. 11: È l'azione verso la direzione che ti porterà a destinazione.

- VERITÀ n. 12: La flessibilità di pensiero e di interpretazione di un evento è alla base dell'essere leader di te stesso e degli altri, del tuo cambiamento, della tua trasformazione e quindi dell'evoluzione che più desideri.

CAPITOLO 4

Come mappare la tua attuale situazione

È arrivato il momento di scoprire come ora affronti la realtà, qual è l'atteggiamento mentale che hai utilizzato fino ad oggi; di acquisire la consapevolezza della tua identità, di chi sei oggi, della mappa dei tuoi *talenti, attitudini, capacità, abilità, competenze*, delle tue esperienze e *comportamenti* e delle azioni che compi, in base ai tuoi valori e alle tue convinzioni, e di come interpreti, valuti e reagisci agli eventi che ti accadono.

VERITÀ n. 13: Partire dalla scoperta della mappa di chi sei, ti aiuterà ad avere un atteggiamento mentale positivo (AMP), grazie al quale, potrai dire a te stesso che anche tu puoi realizzare ciò che desideri realizzare.

E questo sarà possibile se imparerai a:
1. Gestire le criticità;
2. Eliminare le interferenze (interne ed esterne) e le negatività;
3. Allenare i tuoi talenti.

Se riuscirai a fare tutto questo, finalmente, potrai sprigionare il tuo potenziale per poter cambiare, migliorare, *trasformarti* e sentirti ed essere percepito come una persona e un professionista, psicologicamente ed emotivamente, ancora più sicuro e, quindi, più meritevole di fiducia, più autorevole, capace e credibile.

Come puoi ottenere un atteggiamento mentale positivo in maniera rapida, efficace e sicura che ti permetta di esprimere al meglio il tuo potenziale e ti consenta di prendere decisioni importanti con sicurezza emotiva e psicologica?

Ritorniamo alla metafora di Michelangelo *"Ogni capolavoro è fatto di dettagli"* e pensiamo stavolta a questo grande capolavoro riprodotto su un puzzle costituito da 1000 pezzi. Tu inizi a creare il tuo puzzle ma, in prossimità dell'inserimento degli ultimi tasselli, ti accorgi che manca l'ultimo tassello: hai 999 pezzi anziché 1000. E ipotizziamo le seguenti 2 situazioni.

PRIMA SITUAZIONE: Sapere, a questo punto, in prossimità dell'ultimazione del puzzle, che ti manca il millesimo tassello per completare l'opera, dopo che, in ogni caso hai quasi ultimato il puzzle, con un grande impegno di tempo e dedizione, quanto inciderà sul tuo livello di motivazione? La tua motivazione sarà la stessa con cui hai iniziato e che hai mantenuto per l'intero iter della costruzione o calerà improvvisamente, tanto da abbandonare il lavoro fin qui svolto, dicendo a te stesso "tanto a questo punto è inutile continuare perché non serve a nulla se manca l'ultimo pezzo"? O vorrai proseguire fino alla fine, nonostante sai che rimarrà incompleto dell'ultimo pezzo, pur mantenendo lo stesso entusiasmo e dicendo a te stesso "in ogni caso è un buon risultato che ho raggiunto"?

Optare per la prima o la seconda ipotesi, dipenderà essenzialmente da dove indirizzerai la tua mente e, quindi, le tue emozioni: su ciò che di buono hai costruito fino a questo momento, oppure, su ciò che ti manca.

VERITÀ n. 14: Il segreto che rende vincente un leader sta nella sua capacità di indirizzare la sua mente e le sue emozioni verso tutto ciò che è produttivo e funzionale al raggiungimento del suo obiettivo.

Nel primo caso, focalizzandoti esclusivamente su quanto realizzato, pur con un piccolo rammarico per non poterlo vedere in tutta la sua interezza e splendore, manterrai l'entusiasmo e la motivazione di giungere ad ultimazione; nel secondo caso invece, mollerai, la tua motivazione si sgonfierà come un palloncino perché sarai concentrato su ciò che ti manca, vanificando il lavoro svolto sino a questo momento.

"Punta alle stelle, male che ti vada, ti sei fatto un giro intorno alla luna. Ma, se non lo fai, rimarrai con i piedi sulla terra guardando da lontano le stelle". *(Alex Abate)*

SECONDA SITUAZIONE: Pur mancando l'ultimo tassello, hai completato il tuo puzzle e, con lo stesso entusiasmo iniziale e con una forte determinazione, decidi di farne un quadro. Ora, immagina di avere davanti a te un puzzle mancante dell'ultimo pezzo. Il tuo sguardo dove andrà immediatamente? Sul pezzo mancante. Ed è quello che fa la maggior parte delle persone. Ma, anche in questo caso, dipenderà da dove loro indirizzeranno la loro mente e le loro emozioni. Se rimanere sul pezzo mancante, nonostante quanto è stato realizzato, o su quanto creato, tralasciando il dettaglio. E ciò che penseranno determinerà cosa ti diranno: "si...bello...*ma* manca l'ultimo pezzo" oppure "Manca l'ultimo pezzo *ma* è molto bello".

C'è una bella differenza tra la prima e la seconda frase. Nella prima frase il focus è sul pezzo mancante, nonostante sia bello; nel secondo caso, nonostante il pezzo mancante, il focus è sulla bellezza del puzzle. Quanto appena descritto, relativamente alla prima frase, è un tipico esempio di interferenza: *interna*, se sei tu a dirti la prima frase; *esterna* se questa frase viene pronunciata da qualche altra persona.

VERITÀ n. 15: Ciò che pensi, si traduce in ciò che ti dici e, ciò che dici, genera forti condizionamenti in te stesso e negli altri che ti ascoltano.

Ma solo se decidi di volerti lasciare condizionare dagli altri, oltre che da te stesso. Con un atteggiamento mentale perdente, con frasi di questo tipo, farai in modo che le tue scelte vengano condizionate, oltre che da te stesso, anche dagli altri e, tutto ciò, può addirittura portarti a una tale demotivazione, fino a togliere dal muro quel quadro del puzzle costruito. Ma, con un atteggiamento mentale positivo e vincente, continuerai imperterrito a mantenere alta la tua motivazione, senza essere condizionato dalle impressioni altrui sul tuo capolavoro. E questo potrà semplicemente accadere ripetendoti: "Si, ok, manca l'ultimo pezzo *ma* è molto bello".

Ciò che conterà per te è la tua convinzione che, nonostante il pezzo mancante, è pur sempre un bel quadro. Nella vita non tutti sono disposti a guardare il tassello mancante del loro puzzle con un atteggiamento positivo. Diversamente dal leader che, in un'ottica sistemica, con creatività e immaginazione, comincerà a focalizzarsi sul pezzo mancante per cercare di riempire quel vuoto.

L'unico limite, alla ricerca di come colmare quel gap, sta proprio nella tua mente, se credi o non credi di potercela fare. Per cui, la tua capacità di utilizzare un atteggiamento mentale positivo sta proprio nell'imparare a direzionare la tua mente, i tuoi pensieri, le tue parole e le tue azioni in base alle tue emozioni e, quindi, diventare ancora più capace, più forte e sicuro ed evitare che siano gli altri a guidarti o portarti verso le loro scelte.

Ho utilizzato il puzzle come metafora della tua vita in cui i 999 tasselli rappresentano le tue esperienze vissute, le tue capacità, le tue competenze, le tue convinzioni, i tuoi valori, i tuoi successi e i tuoi mancati successi che, in ogni caso, rappresentano per te dei grandi insegnamenti di vita.

Ti manca solo il millesimo tassello per completare la tua opera, il tuo capolavoro chiamato vita. Si, perché ognuno di noi, fino ad oggi, ha già creato il proprio personale puzzle, il proprio personale capolavoro. C'è chi già è riuscito ad inserire quel millesimo tassello e c'è chi ancora è alla ricerca di quel tassello necessario per completare la sua opera. O chi, addirittura, ha rinunciato a cercarlo. Ma, in ognuno di questi casi, è sempre necessario preservare e continuare a consolidare nel tempo quanto fino ad oggi già realizzato. E questo per preservare la propria dignità.

Ciò che siamo oggi è il frutto del nostro vissuto; ogni essere umano ha le sue proprie capacità, attitudini, talenti, ognuno col proprio modo di pensare, parlare ed agire, ognuno con i propri successi o mancati successi. Tutti noi abbiamo costruito il nostro puzzle: c'è chi è arrivato al 999esimo tassello e chi, invece, ha completato l'opera con l'ultimo pezzo, il millesimo. Ed è proprio questo pezzo che fa di una persona un leader in ogni ambito della propria vita, il *quid*, la differenza che fa la differenza, tra il valore aggiunto di chi è disposto a trasformare la propria vita e guidare anche quella degli altri e chi invece, rassegnato, preferisce rimanere lì dov'è al 999esimo tassello.

Inserire nel tuo grande puzzle, chiamato vita, il millesimo tassello, significa spostare il tuo focus sulle tue risorse rappresentate appunto dai tuoi talenti, attitudini, capacità e competenze. Sono queste le risorse, la cui combinazione, insieme alle strategie, ti permetterà di sviluppare il tuo potenziale inespresso, il tuo atteggiamento mentale positivo, decidere ciò che vuoi diventare e avviare il tuo processo di cambiamento e di trasformazione della tua vita.

Ma perché alcune persone rinunciano a cercare l'ultimo tassello e si accontentano della loro esistenza mentre altre tendono al continuo e costante miglioramento? La maggior parte delle persone focalizza la propria attenzione su ciò che manca nella loro vita; si disperano, si rassegnano, accettano passivamente questa loro mancanza mettendo addirittura a repentaglio l'intera loro esistenza; si precludono qualsiasi possibilità di riuscire a diventare dei vincenti, cambiando in meglio il corso della loro vita, perché continuano, esclusivamente, a concentrare la propria attenzione su quel tassello mancante ma, a differenza del leader, senza mai pensare a come colmare quel vuoto.

Concentrano la loro attenzione su ciò che manca nella loro vita, dandosi le più svariate giustificazioni e motivando che, il loro mancato successo, è dovuto esclusivamente a quel singolo tassello mancante: ad esempio, un'opportunità lavorativa non colta a suo tempo, un titolo di studio mancato, un business che non è decollato, una vita di coppia che non è giunta a lieto fine, un figlio mai arrivato o una medaglia sportiva mancata per un pelo e così via.

Tutto è un buon motivo per trovare scuse e non osare, per non andare oltre la loro zona di comfort. Lasciano che le cose accadano, dando la responsabilità a tutto e tutti meno che a sé stessi. Con un atteggiamento mentale da perdenti, bleffano con loro stessi e, presi dalla loro negatività, non riescono minimamente a spostare il focus sugli altri 999 tasselli, su tutto ciò che, invece, rappresenta il loro bagaglio di esperienze, la loro vera ricchezza. È questo il punto di partenza, il trampolino di lancio per incastrare il millesimo tassello.

Pensaci! Come potrebbe esistere il millesimo tassello senza l'incastro degli altri 999? E così è la nostra vita. Come possiamo sviluppare il nostro potenziale, trasformare la nostra vita in ciò che desideriamo o, consolidare già quello che abbiamo realizzato, se si prescinde dalla nostra intera esistenza e da ciò che abbiamo realizzato fino ad oggi con le nostre esperienze sia positive che negative?

VERITÀ n. 16: Per diventare ed essere il leader che vuoi essere non puoi prescindere da chi sei, sei stato e da ciò che fino ad oggi hai realizzato.

Il leader guarda al tassello mancante con un atteggiamento

proattivo e creativo, alla ricerca della soluzione per colmare quel gap e, per fare questo, ricorre alle sue risorse costituite dai 999 tasselli, dall'intero bagaglio di esperienze, capacità e competenze che l'hanno portato fin qui dov'è ora. È questo il giusto atteggiamento per progredire, per migliorare giorno dopo giorno il tuo stato e vivere la tua vita da leader.

Impara a spostare il focus, a direzionare la tua mente e le tue emozioni su tutto ciò che di buono hai già realizzato nella tua vita, perché il tuo puzzle ti servirà per diventare finalmente il leader della tua vita.

Nella mia prima storia di vita ti ho parlato di come sono riuscito, in seguito alla mia lunga degenza in ospedale, dopo il mio primo crollo emotivo, a gestire, in maniera proficua, il mio stato psicologico e trasformare, quel mio fermo temporaneo in quel letto di ospedale, in una opportunità di accrescimento delle mie conoscenze e abilità attraverso lo studio, la lettura e la fisioterapia, per fare in modo che quei 2 anni non diventassero 2 anni persi della mia gioventù.

Ora, voglio fornirti lo stesso schema mentale che ha permesso a me quella trasformazione e che permetterà a te di trasformare le tue delusioni in esperienze costruttive, da cui attingere, per il tuo futuro da leader.

ESERCIZIO: **Tramuta le tue sconfitte nelle tue vittorie**

Hai vissuto un'esperienza che ti ha segnato profondamente e fatto provare una grande delusione. Pensi sia stata una grande sconfitta ma ora è arrivato il momento di riprendere coraggio perché, questa esperienza, ha solo fortificato il tuo carattere e temprato la tua personalità.

Quello che ora dovrai fare sarà semplicemente trasformare le tue delusioni in risorse utili e costruttive per cominciare a scalare il muro, affrontare la realtà e costruire il tuo futuro da leader.

Su di un foglio elenca e descrivi in breve 3 delusioni che hanno segnato la tua vita. Una volta terminato, elenca *come* ognuna di queste esperienze deludenti ti ha aiutato ed ha contribuito, effettivamente, a rafforzarti col passare del tempo.

MORALE: Sposta il tuo focus sui 999 tasselli.

VERITÀ n. 17: Cambiare focus, o quello che stai facendo, ti aiuta a cambiare le emozioni quando, relativamente a una data situazione, non ti piace ciò che stai sentendo o provando.

A questo punto voglio sottoporti un test proprio per far in modo che tu possa valutare l'atteggiamento mentale che, generalmente, utilizzi nelle varie situazioni della tua vita e poi, confrontare le tue risposte con quelle che vengono date, usando un atteggiamento mentale positivo. Sei pronto? Iniziamo.

TEST: Rispondi sinceramente alle seguenti domande e, soprattutto, di impulso senza ragionarci più di tanto.

1. Fai parte di un team di progetto e hai presentato al tuo gruppo la tua proposta progettuale. In cuor tuo, sei convinto dell'ottimo lavoro che hai fatto. Ma, purtroppo, in sede di valutazione dei diversi progetti, il tuo non viene preso in considerazione ma viene accettato quello di un tuo collega che, per giunta, non ti sta per niente simpatico. Qual è il tuo primo pensiero?

a) Non mi meraviglio più di tanto, perché finisce sempre così. Tutto sommato preferisco così perché evito di assumermi le responsabilità che deriverebbero dalla gestione del progetto;

b) I miei colleghi non hanno compreso e, quindi, sottovalutato la validità del mio progetto.

c) Quali elementi, punti di forza del progetto del mio collega, sono stati considerati per preferirlo al mio e a quello di tutti gli altri? Individuarli e capire come poterli assimilare, mi darà la possibilità di poter lavorare più efficacemente la prossima volta e avere più possibilità di valutazione positiva.

2. Sei un attore di teatro e hai appena fatto un provino per rivestire la parte dell'attore protagonista di uno spettacolo importante. Ma purtroppo non vieni scelto. A cosa pensi immediatamente?

a) Meglio così. Tanto non ce l'avrei mai fatta a reggere il peso di questa grande responsabilità come attore protagonista;

b) Sicuramente chi è stato scelto è un raccomandato e non sanno cosa si sono persi a non scegliere me;

c) Sicuramente l'attore che è stato scelto è un tipo veramente in gamba. Come posso far in modo di poter lavorare nella compagnia teatrale in modo tale che possa apprendere da lui? Di cosa ho bisogno perché possa lavorare nella compagnia? A cosa sono disposto a rinunciare pur di beneficiare di questa opportunità?

3. Il tuo partner ha deciso di accettare un nuovo posto di lavoro. Che cosa pensi?

a) Non ha mai avuto le idee chiare su quello che vuole dalla vita;

b) Sicuramente è un gesto di ribellione nei miei confronti perché non accetta più la situazione così com'era;

c) Avrà sicuramente avuto i suoi buoni motivi e sicuramente ne avrà una gratificazione personale. Come posso contribuire in modo che tutto questo si tramuti in un beneficio in termini di benessere economico ma anche di rivalutazione della nostra vita in famiglia?

4. Hai tentato tutte le diete per perdere peso ma con scarsi successi. Cosa pensi?

a) Almeno non sono ingrassato ulteriormente;

b) È colpa del mio metabolismo e quindi è inutile che continui;

c) Come posso fare in modo di nutrirmi in maniera sana e perdere peso senza sforzi ma con gioia e serenità e, soprattutto, preservare la mia salute?

SOLUZIONE: Rispondendo alle 4 domande con una prevalenza di risposte *a)*, probabilmente, ritieni preferibile, nelle diverse situazioni che ti ho presentato, lasciar perdere per evitare preoccupazioni e ansie che potrebbero verificarsi. Ma, potrebbe anche darsi che non sei focalizzato sui tuoi 999 tasselli, ossia sulle tue risorse quali capacità, competenze e attitudini.

In realtà, ti stai auto sabotando a rivestire il ruolo di leader della tua vita perché, inconsciamente, stai comunicando a te stesso che non sei capace, non sei all'altezza di assumerti delle responsabilità e che pertanto, accetti inesorabilmente ciò che ti presenta davanti il destino. E sono ricorrenti pensieri del tipo:

"tanto doveva succedere / e che ci posso fare io / tanto le cose non cambieranno mai / e lo sapevo che andava a finire così".

Diversamente, con una predisposizione mentale positiva, focalizzandoti sulle tue risorse positive, potrai indebolire questi

78

pensieri e convinzioni limitanti e sostituirli con pensieri e convinzioni potenzianti che ti porteranno ad agire ed assumerti le tue responsabilità.

Più deciderai di adottare questo tipo di approccio di sostituzione di pensieri limitanti con pensieri potenzianti, più diventerai bravo a farlo istintivamente. Fino a giungere al punto in cui ti accorgerai che non avrai più pensieri e convinzioni che ti limitano nel tuo agire.

E allora, come sostituire i pensieri limitanti con quelli potenzianti? Ecco alcune frasi:

Tanto doveva succedere/ *la prossima volta farò tutto ciò che è nelle mie possibilità affinché vada come dico io;*

E che ci posso fare io? / *come posso fare in modo che…?*

Tanto le cose non cambieranno mai/*di cosa ho bisogno affinché possa cambiare questa situazione?*

Lo sapevo che andava a finire così/ *su cosa ancora devo lavorare affinché eviti che si ripeta?*

Rispondendo in prevalenza *b)* sei tentato ad imputare la

responsabilità agli altri per ciò che accade nella tua vita. Così è più facile perché, tale tipo di atteggiamento, non impegna più di tanto il tuo cervello a trovare delle soluzioni ma è preferibile prendere la strada più facile, dove c'è il minor spreco di energie mentali. Ma, è bene che tu sappia che questo tipo di atteggiamento, reiterato nel lungo termine, porta a una degenerazione del tuo modo di pensare, parlare e agire con gravi ripercussioni a livello di relazioni professionali, famigliari e sociali.

Sarebbe, invece, preferibile analizzare ciò che ha generato questo tipo di risultato, in modo tale da poter lavorare su questa tua area di miglioramento e trarre i massimi benefici. Con questa nuova consapevolezza, con questo nuovo atteggiamento mentale, avrai la capacità di trasformare le tue esperienze in punti di forza che ti aiuteranno a fare le giuste scelte in futuro.

Rispondendo *c)* hai utilizzato un approccio analitico in cui riconosci l'esistenza di un problema che va risolto con la ricerca di una o più soluzioni efficaci ed efficienti, ma partendo sempre dal presupposto che a tutto c'è una soluzione, anche creativa. È questo il giusto atteggiamento mentale per affrontare una determinata situazione e sperimentare nuove soluzioni che inevitabilmente, in seguito a successo, ti porteranno a scoprire tue nuove abilità e ad avere sempre maggiore fiducia e sicurezza in te stesso. È questo l'atteggiamento mentale utilizzato dai leader.

VERITÀ n. 18: I leader sono alla ricerca del continuo e costante miglioramento, di circostanze favorevoli e di opportunità. E se non le trovano le creano.

Questo tipo di persone vengono definite *proattive* ossia che dominano e cavalcano gli eventi ponendosi sempre le seguenti domande:

- come posso trarre il massimo beneficio da questa situazione?
- cosa c'è di positivo in tutto questo?

in altri termini si concentrano sulla soluzione e non sulla causa che ha generato l'evento.

VERITÀ n. 19: *Una delle chiavi per il tuo successo sta nel concentrare la tua attenzione per il 90% alla risoluzione di un problema e solo il restante 10% alla causa che l' ha generato.*

81

RIEPILOGO DEL CAPITOLO 4:

- VERITÀ n. 13: Partire dalla scoperta della mappa di chi sei, ti aiuterà ad avere un atteggiamento mentale positivo (AMP), grazie al quale, potrai dire a te stesso che anche tu puoi realizzare ciò che desideri realizzare.

- VERITÀ n. 14: Il segreto che rende vincente un leader sta nella sua capacità di indirizzare la sua mente e le sue emozioni verso tutto ciò che è produttivo e funzionale al raggiungimento del suo obiettivo.

- VERITÀ n. 15: Ciò che pensi, si traduce in ciò che ti dici e, ciò che dici, genera forti condizionamenti in te stesso e negli altri che ti ascoltano.

- VERITÀ n. 16: Per diventare ed essere il leader che vuoi essere non puoi prescindere da chi sei, sei stato e da ciò che fino ad oggi hai realizzato.

- VERITÀ n. 17: Cambiare focus, o quello che stai facendo, ti aiuta a cambiare le emozioni quando, relativamente a una data situazione, non ti piace ciò che stai sentendo o provando.

- VERITÀ n. 18: I leader sono alla ricerca del continuo e costante miglioramento, di circostanze favorevoli e di opportunità. E se non le trovano le creano.

- VERITÀ n. 19: Una delle chiavi per il tuo successo sta nel concentrare la tua attenzione per il 90% alla risoluzione di un problema e solo il restante 10% alla causa che l' ha generato.

CAPITOLO 5:

Come definire lo scopo della tua vita

Abbiamo visto, in uno dei precedenti capitoli, che riesci a trasmettere agli altri la giusta motivazione solo quando comunichi chiaramente qual è il tuo scopo. Solo allora le persone ti daranno fiducia e ti seguiranno. Questo perché

VERITÀ n. 20: Le persone sono disposte a seguirti solo se sai chiaramente ciò che vuoi realizzare e la direzione verso cui andare per realizzarlo.

Perché le persone amano seguire i leader; ma solo quelli che ritengono meritevoli di attenzione e stima, autorevoli capaci e credibili.

Tuttavia, molto spesso accade che le persone non riescono a raggiungere ciò che effettivamente desiderano per diversi motivi:

Perché si lasciano condizionare dagli altri, da fattori esogeni e dagli eventi e, facendo così, non decidono mai cosa effettivamente vogliono ottenere nel loro business e nella loro vita privata e, soprattutto, cosa vogliono ottenere da sé stessi.

Non sanno come stabilire il loro obiettivo e come raggiungerlo in maniera rapida, efficace ed efficiente e vivere la propria vita in maniera completa e gratificante. E, non sapere come stabilire l'obiettivo e come fare a raggiungerlo, alla fine porta queste persone a vivere una vita di frustrazioni, che non è la loro vita o a percorrere qualsiasi strada gli si presenti davanti e intraprenderla senza provare nessuna emozione o gratificazione.

Non hanno il coraggio di prendere una decisione. Pensa a quante persone hanno problemi nella vita di coppia perché non hanno il coraggio di prendere una ferma decisione, di crearsi un obiettivo motivante e gratificante per sé stessi e continuano a vivere nella totale infelicità per eventuali critiche che possano giungere dall'esterno per le scelte effettuate. Tutti coloro che hanno accettato e si sono arresi a questo modo di vivere pensano, secondo loro, di aver optato per il male minore senza, invece,

85

sottovalutare la frustrazione e i danni arrecati alla propria ambizione personale e al desiderio di autorealizzarsi e che porta, a lungo andare, all'annullamento della persona. Molte persone assecondano il volere di genitori, del proprio compagno o figli, dei parenti, amici, colleghi o datore di lavoro e rovinano la loro vita, sopprimendo le proprie ambizioni pur di non distruggere le aspettative degli altri.

O pensa ancora a quanti imprenditori, manager, professionisti rinunciano a prendere una ferma decisione per *paura* di fallire o di perdere ciò che fino ad allora hanno conquistato. O, addirittura, temono il giudizio degli altri qualora dovessero fallire nella loro iniziativa.

Pensa, per esempio, a imprenditori che, con la loro azienda, perdono il loro vantaggio competitivo, duramente conquistato, solo perché rinunciano a fare un ulteriore investimento di implementazione di nuovi macchinari o tecnologie che lo porterebbero a innovare e consolidare ulteriormente quanto fin lì realizzato; a coloro che rinunciano ad aspirare ad una posizione professionale più soddisfacente per paura di uscire dalla loro comfort zone e perdere quanto fino ad allora realizzato continuando, così, ad accontentarsi di quello che hanno e vivere nella mediocrità.

VERITÀ n. 21: Molte idee, ambizioni, obiettivi avrebbero necessità di poter attecchire grazie ad immediate azioni intraprese sul nascere dell'idea o dell'obiettivo stesso, in modo tale da aumentare le probabilità di sviluppo e di attuazione.

Invece, purtroppo, vengono soffocate sul nascere a causa della paura delle critiche e delle aspettative degli altri o per paura di non essere all'altezza della situazione. La cosa più drammatica è che, reiterando questo auto-sabotaggio dell'obiettivo, una volta, due volte, più volte, alla fine si finisce per radicare uno schema di pensiero finalizzato ad auto-sabotare qualsiasi idea si voglia concretizzare.

Diversamente dai leader, dalle persone di successo che sanno precisamente ciò che desiderano ottenere, quale schema di pensiero attivare per ottenerlo e che, una volta raggiunto l'obiettivo, sono gratificati e soddisfatti.

LE 3 FASI PER DEFINIRE IL TUO SCOPO

Per cambiare uno schema di pensiero e, quindi, sostituire a un comportamento limitante un comportamento più produttivo e funzionale, rispetto a ciò che vuoi realizzare, devi concentrarti sulle singole fasi fondamentali che occorre fare per definire il tuo scopo.

1. Desiderio
2. Focalizzazione del tuo obiettivo
3. Consapevolezza del tuo scopo

1. Desiderio

Per modificare il tuo schema di pensiero e renderlo produttivo e replicabile nel tempo, devi partire individuando e dando significato a quel senso di disagio che, a un certo punto, avverti dentro di te. Questo senso di disagio genera un desiderio intenso di ottenere un qualcosa, necessario, per colmare quel disagio stesso.

È questa la fase in cui devi specificare esattamente ciò che effettivamente vuoi ottenere e il come ottenerlo. E il desiderio deve diventare, forte del disagio che avverti, l'elemento scatenante e fondamentale per predisporti mentalmente, per ispirarti al raggiungimento dell'obiettivo, corredandolo di un progetto e una pianificazione precisa e dettagliata, sostenuti dalla perseveranza, costanza e determinazione, necessari per evitare qualsiasi ipotesi di fallimento.

2. Focalizzazione dell'obiettivo

Per focalizzare l'obiettivo che si vuole raggiungere i leader formulano 2 domande ben precise:

Cosa voglio veramente? Ti è mai capitato in passato di aver avuto una discussione animata con una persona a cui tenevi particolarmente? Se ripensi alla dinamica di quanto è accaduto, ti accorgerai che, molto probabilmente, durante la discussione animata, hai perso di vista quale era il tuo vero obiettivo e sei andato avanti, imperterrito, pur di averla vinta.

E, alla fine della discussione, ti è rimasto il rammarico di aver incrinato i rapporti con questa persona perché, in quegli attimi, hai perso il focus dal tuo vero obiettivo che non era quello di litigare con questa persona, ma, semplicemente di trovare insieme una soluzione a una determinata situazione. Sarebbe bastato, in quegli attimi, porti la semplice domanda: "cosa in realtà voglio ottenere?" che avresti mantenuto il tuo focus sul tuo vero obiettivo, orientandoti, così, alla ricerca della soluzione.

Perché lo voglio? Rispondendo alla prima domanda il leader indirizza il suo focus sull'obiettivo; rispondendo alla seconda, estrae i validi motivi che lo spingono ad agire: ossia lo *scopo*. Questo perché

VERITÀ n. 22: La motivazione non è mai in funzione dell'obiettivo che si intende realizzare. Ma risiede in ciò che si proverà, si diventerà o si otterrà una volta che lo si sarà raggiunto.

3. Consapevolezza del tuo scopo

Una volta focalizzato l'obiettivo da raggiungere, è importante fare massima chiarezza sul tuo *scopo*, sul perché intendi raggiungere quel determinato obiettivo.

VERITÀ n. 23: Quando il tuo perché è abbastanza grande, il

come raggiungere l'obiettivo, ossia la strategia da adottare, non è mai un problema.

Per cui, sarà molto più semplice individuare *quale strategia* adottare per portarti dal punto iniziale A (di dove sei ora) al punto B (stato desiderato) in modo veloce, efficace ed efficiente e *cosa ti occorre* per arrivarci e per superare qualsiasi ostacolo.

Si tratta, in ogni caso, di passare all'azione con *flessibilità* perché, se una strada non funziona, ti sarà facile trovarne un'altra. Per cui, prima di decidere cosa fare, è importante sapere cosa vuoi e perché lo vuoi e, solo una volta che hai risposto a queste domande, potrai passare ad elaborare il tuo piano di azione.

Avere degli obiettivi che sono in linea con il nostro scopo, con il significato della nostra vita, è importante perché altrimenti saremmo costretti a una vita fatta di obiettivi da raggiungere senza mai essere appagati o gratificati o, cosa ancora più drammatica, in assenza di nostri obiettivi, saremmo costretti a vivere in funzione degli obiettivi degli altri, praticamente a non vivere una vita nostra.

VERITÀ n. 24: La finalità del perseguire e raggiungere un obiettivo sta proprio in ciò che diventiamo nel momento in cui lo realizziamo.

E questo, proprio perché ognuno di noi ha una propria *mission*, uno scopo di esistenza che ti sarà ben chiaro e definito nel momento in cui ti porrai le seguenti domande: "Qual è il mio vero scopo? / Perché voglio raggiungerlo? / Come mi farà sentire una volta raggiunto? / Perché è importante impegnarmi a raggiungerlo? / Cosa voglio diventare? / Cosa voglio creare?"

Rispondendo a queste domande definirai il tuo scopo, la tua *mission* su questa terra, la tua ragione di essere. In sintesi, definisce la tua vera identità e ti consentirà di mantenere il tuo focus su quello che intendi realizzare. Ci sono domande che ti aiutano a definire quella che è la tua vera mission, ossia, la tua ragione di vivere, perché sei qui al mondo e cosa vuoi realizzare con la tua vita. Mettere nero su bianco qual è la tua mission, ti permetterà di fare chiarezza sui tuoi valori più importanti e su quelle che sono le tue aspirazioni.

Rispondendo alle domande che seguono, potrai definire qual è la tua mission. Ma, nel farlo, ti consiglio di non farti condizionare da fattori esogeni quali persone a te vicine, parenti, amici o la condizione in cui stai vivendo ora. Rispondi onestamente lasciando andare la tua mente e senza pretendere di rispondere in maniera perfetta. Fallo di getto e poi, con calma, con carta e penna, potrai tornarci tutte le volte che vorrai per perfezionarle. Iniziamo:

Qual è il motivo più importante della tua vita? / Qual è la cosa più importante nella tua vita per te? / Immagina che tu sia al tuo funerale. Cosa vorresti sentire che gli altri dicano di te? / A livello morale quale eredità vorresti lasciare? / Quando eri un bambino cosa avresti voluto diventare da grande? E perché? / Quali sono i tuoi talenti e le tue più grandi abilità? / Quali sono i tuoi punti di forza su cui contare anche nei momenti più difficili? / Perché è importante per te, ora, raggiungere i tuoi obiettivi? / Cosa vuoi dimostrare a te stesso? E agli altri?

Ora che hai risposto a queste domande, ti sarà più chiaro quel è il tuo vero scopo, la tua *mission*. Per cui, ora, prova a scriverla e che abbia le seguenti caratteristiche: deve iniziare con la frase "lo scopo della mia vita è..."; deve essere espressa in positivo perché il cervello non accetta la negazione; deve essere sintetica perché la dovrai tenere sempre a mente.

I 4 MOTIVI PERCHÉ DEVI SCRIVERE LA TUA MISSION

1. Consolida la tua motivazione e traccia la direzione della vita perché ti aiuta a focalizzarti sul raggiungimento dei tuoi obiettivi più importanti;

2. Ti aiuta a controllare dove stai andando, verificando i progressi che stai facendo verso il raggiungimento della tua meta e calcolando quanto ti stai allontanando dalla tua meta;

3. Aumenta la tua produttività ed esalta le tue risorse interiori perché consente di stabilire quali sono le tue vere priorità, riducendo perdite di tempo, eliminando le attività che non portano valore aggiunto e mettendo in risalto i tuoi talenti e abilità, risorse fondamentali per prendere consapevolezza che puoi in ogni caso farcela.

4. Crea uno stato psicologico più centrato ed evita lo stress perché puoi rispondere più efficacemente agli imprevisti. La tua *mission*, scritta e riletta, soprattutto in momenti di difficoltà, ti permetterà di avere la stabilità psicologica necessaria per poter gestire efficacemente le criticità.

RIEPILOGO DEL CAPITOLO 5:

- VERITÀ n. 20: Le persone sono disposte a seguirti solo se sai chiaramente ciò che vuoi realizzare e la direzione verso cui andare per realizzarlo.

- VERITÀ n. 21: Molte idee, ambizioni, obiettivi avrebbero necessità di poter attecchire grazie ad immediate azioni intraprese sul nascere dell'idea o dell'obiettivo stesso, in modo tale da aumentare le probabilità di sviluppo e di attuazione.

- VERITÀ n. 22: La motivazione non è mai in funzione dell'obiettivo che si intende realizzare. Ma risiede in ciò che si proverà, si diventerà o si otterrà una volta che lo si sarà raggiunto.

- VERITÀ n. 23: Quando il tuo perché è abbastanza grande, il come raggiungere l'obiettivo, ossia la strategia da adottare, non è mai un problema.

- VERITÀ n. 24: La finalità del perseguire e raggiungere un obiettivo sta proprio in ciò che diventiamo nel momento in cui lo realizziamo.

CAPITOLO 6

Come definire con precisione il tuo obiettivo

10 SUGGERIMENTI PER DEFINIRE CON PRECISIONE IL TUO OBIETTIVO

I sogni, i desideri sono alla portata di tutti ma non tutti riescono a trasformarli prima in obiettivi e poi in risultati da raggiungere. Quando definisci esattamente nella tua mente ciò che desideri, cominci a concentrare tutti i tuoi sforzi ed energie verso una direzione ben definita, dove, il mero desiderio comincia a visualizzarsi davanti a te, nella tua mente, diventando quasi tangibile e raggiungibile.

È in quel preciso momento che aumenta la tua motivazione, ossia il motivo che ti spinge all'azione. Ma spesso accade che, quel desiderio che si stava materializzando nella tua mente, come per incanto, svanisce come una nuvola di fumo. Questo accade quando non sai definire sin dal principio le caratteristiche necessarie che deve avere un obiettivo affinché possa diventare realizzabile e raggiungibile.

1. Formula in positivo il tuo obiettivo. Purtroppo spesso le persone non hanno chiaro ciò che desiderano, anzi più che avere chiaro ciò che vogliono, hanno ben chiaro ciò che non vogliono e, paradossalmente, diventa molto più facile che nella loro vita si realizzi ciò che non vogliono. E questo perché se ti dico "non pensare a quel ragno nero e peloso che hai sulla testa" tu penserai proprio a quel ragno nero; o ancora se ti dico "non pensare all'elefante bianco a pois fucsia" stai pensando proprio a un elefante bianco a pois fucsia.

Questo accade perché il nostro cervello non accetta il *"non"*, la negazione e costruisce immediatamente l'immagine. A livello di obiettivo, ciò significa che, tanto più immagini una situazione che non vuoi, tanto più sei portato a porre attenzione su di essa, con la conseguenza di alimentare paura e insicurezza. Per cui, è errato dire "non voglio più pesare 80 kg" ma è corretto dire "voglio dimagrire (esempio) 10 kg e pesare 70 kg.

2. Il tuo obiettivo deve essere specifico, definito e misurabile.
Stabilisci esattamente ciò che vuoi realizzare e formula l'obiettivo in modo tale che sia specifico, definito e misurabile. Domande

quali: "Cosa nello specifico voglio fare? / Come lo voglio fare? / Dove? / Con chi?" sono domande che rendono l'obiettivo ancora più specifico e dettagliato e attivano *l'Attenzione Selettiva* del tuo cervello che determina ciò a cui presti maggiore attenzione.

Pensa al momento in cui hai deciso di cambiare auto e hai deciso di comprare un determinato modello. All'improvviso, la città si popola dello stesso modello che hai scelto e dello stesso colore. Erano sempre state lì, ma tu ci hai fatto caso nel momento in cui hai attivato il tuo mirino cerebrale e hai preso consapevolezza di quel preciso modello, concentrando tutta la tua attenzione solo su di esso.

Stesso processo accade per il tuo obiettivo a cui più dettagli aggiungerai, più ti sembrerà reale, raggiungibile e che ti consentirà, lungo il percorso di realizzazione, di misurare quanto ti stai avvicinando o allontanando dall'obiettivo. Ad esempio:

Benessere fisico: non basta dire "voglio perdere peso", ma la formulazione corretta è "voglio dimagrire, es. 10 kg, perché, una volta raggiunto il mio peso forma mi sentirò meglio fisicamente, più energico e ne beneficerò in termini di autostima";

Benessere finanziario: non basta dire "Voglio guadagnare di più" ma "Voglio guadagnare (inserisci la cifra esatta) di più, rispetto a quello che guadagnando ora, per poter risparmiare, specificatamente (inserisci la cifra) al mese";

Lavoro e carriera: non basta dire "Voglio fare carriera" ma "date le abilità e le competenze acquisite e maturate, voglio continuare a formarmi e lavorare nell'ambito delle risorse umane per poter ambire al posto di direttore del personale della mia azienda".

Sport: non basta dire "Voglio migliorare il mio tempo" ma "Voglio migliorare il mio tempo di (inserisci il numero) e fare (la mia disciplina) nel tempo di (inserisci il numero)".

Famiglia: non basta dire "Voglio migliorare il mio comportamento con mia moglie e i miei figli" ma "Voglio essere più presente sia fisicamente che mentalmente con mia moglie e i miei figli, più sorridente quando sono con loro, in modo tale che percepiscano la mia presenza vera e siano più sereni".

3. Fissa la data di realizzazione del tuo obiettivo. Un obiettivo senza una data è un sogno che è soggetto a procrastinazione continua.

4. Stabilisci cosa sei disposto a dare in cambio per poter realizzare il tuo obiettivo, perché non si ottiene nulla senza essere disposti a fare dei sacrifici.

Esempio dello sport: "Oggi è 24 giugno: Voglio migliorare il mio tempo di (inserisci il numero) e fare (la mia disciplina) nel tempo di (inserisci il numero) entro il 24 agosto, precisamente 2 mesi da oggi, effettuando 3 allenamenti settimanali di 2 ore ciascuno il lunedì, mercoledì e venerdì. E, per migliorare il mio tempo, sono disposto a modificare il mio regime alimentare e ad evitare le uscite serali nei giorni di allenamento, per permettere al mio fisico un recupero più veloce e più ore di riposo."

5. Rendi fattibile il tuo obiettivo. Se, per esempio, pesi 80 kg e pretendi di perdere 10 kg nell'arco di 1 mese non è un obiettivo fattibile. Certo potresti anche farlo, ma a discapito della tua salute. Essere realisti è un punto fondamentale per definire con successo l'obiettivo e fare in modo che sia raggiungibile.

6. Rendi motivante il tuo obiettivo. Deve contenere un forte carico emotivo: soddisfazione, gratificazione nel raggiungerlo; di converso, forte delusione ed emozioni sgradevoli, come senso di frustrazione, al solo pensare di non farcela. Esempio di domande: "Come mi sentirò nel momento che lo avrò realizzato? / Quali sensazioni proverò? / Cosa mi dirò?

7. Il tuo obiettivo deve essere in linea con i tuoi Valori. Se il tuo top valore è la famiglia, intesa come nucleo in cui è fondamentale essere sempre uniti per poter affrontare qualsiasi evenienza e ti offrono uno sviluppo di carriera che presuppone che tu ti debba spostare da solo, senza la famiglia, in una città a 500 km di distanza, nasce un conflitto interiore perché il tuo top valore famiglia ora è in contrasto con il tuo valore carriera. L'allineamento tra il tuo top valore o scala di valori e l'obiettivo ti farà aumentare la motivazione e renderà più fluido il percorso che ti porterà alla meta.

8. Visualizza il tuo obiettivo. Prima di essere realizzato, devi essere in grado di visualizzare l'obiettivo nella tua mente. Più è chiaro e immaginabile, più aumentano le probabilità di realizzazione. Ripensa alla Pietà di Michelangelo. Perché è stato possibile creare il capolavoro? Perché Michelangelo ha visualizzato l'obiettivo, il risultato finale nella sua mente ancor prima di realizzarlo.

Hai la capacità di creare in maniera consapevole immagini nella tua mente che ti aiutano a raggiungere ciò che vuoi e, più queste immagini sono chiare, ricche di dettagli e forti dal punto di vista emozionale, più ti daranno la possibilità di creare dei programmi dentro di te che ti consentiranno di ottenere quello che desideri; questo perché il nostro sistema cerebrale non è in grado di percepire la differenza tra la realtà oggettiva e una realtà immaginata.

Un esempio di quello che sto appena dicendo è il caso di Laura Wilkinson campionessa di tuffi. Nell'anno 2000, durante la preparazione della gara per i Giochi Olimpici, Laura, in un incidente, si fratturò le dita di un piede e questo le impedì di allenarsi per parecchio tempo. Ma questo episodio non le impedì di incrementare il suo allenamento mentale. Per diverse ore al giorno, rimaneva seduta sul trampolino per visualizzare, nei minimi particolari, l'esecuzione dei tuffi, ripercorrendo con la mente ogni minima sequenza. Il semplice fatto di visualizzarlo nella propria mente, anziché farlo realmente, permise a Laura Wilkinson, in occasione delle stesse Olimpiadi, di vincere la medaglia d'oro.

VERITÀ n. 25: Il potere della visualizzazione consente di modellarti sull'immagine di te stesso come un leader vincente.

Dato che il nostro sistema neurologico non riesce a distinguere un'esperienza vissuta da una immaginata, hai la possibilità di immaginare la meta che vuoi raggiungere, così con chiarezza, da consentire al tuo cervello di vivere anticipatamente la sua realizzazione. E questo contribuirà a lasciare un solco nel tuo cervello, una sinapsi che ti aiuterà a motivarti al raggiungimento reale dell'obiettivo.

9. Elabora un progetto e fai una pianificazione dettagliata

delle fasi necessarie da effettuare che parti dal punto A (inizio) e giunga al punto B (realizzazione dell'obiettivo).

10. Scrivi una frase chiara e precisa di ciò che vuoi realizzare, con la scadenza entro cui realizzare il tuo obiettivo, quello che sei disposto a dare in cambio e il progetto, ossia il *come* intendi portarlo avanti fino al raggiungimento. Mettere per iscritto il tuo obiettivo, ti aiuta a sintetizzare in maniera coerente e armonica e quindi, a chiarire maggiormente la definizione dell'obiettivo, ponendoti in uno stato psicologico di impegno con te stesso e facendoti fare già un passo avanti verso la realizzazione. Inoltre, nella definizione del piano di azione, mette in evidenza le tue attività prioritarie, le scadenze da rispettare e di monitorare lo stato di avanzamento.

7 STRATEGIE PER RAGGIUNGERE IL TUO OBIETTIVO
1. Abituati a leggere ad alta voce questa frase la mattina, appena sveglio e la sera, prima di andare a dormire. Mentre leggi, devi già immaginarti nella situazione, devi sentirti *come se* avessi già raggiunto il tuo obiettivo.

2. Impara a prendere consapevolezza di come impedisci a te stesso di realizzare ciò che desideri, ossia cosa pensi, ti dici, le azioni che compi per auto-sabotarti verso il raggiungimento del tuo scopo e del perché lo fai.

Si tratta di imparare ad individuare le *leve motivazionali* che devono essere talmente forti da decidere di cambiare il tuo schema di pensiero limitante con uno potenziante. Queste leve motivazionali, fondamentali perché avvenga la sostituzione dello schema di pensiero e quindi del comportamento sottostante, che sarà poi mantenuto nel tempo, risiedono nel *dolore* e nel *piacere*.

È, infatti, fondamentale associare al pensiero del mancato raggiungimento dell'obiettivo una determinata quantità di dolore, talmente intenso e insopportabile o, al raggiungimento dello stesso, una quantità di piacere talmente intensa, da desiderare di decidere di agire verso l'obiettivo.

A tal proposito, le domande che dovremo farci in merito al *dolore* sono le seguenti: "Cosa mi comporta non raggiungere ora l'obiettivo? / Quali saranno le implicazioni negative del non raggiungere l'obiettivo? / Cosa implicherà per il mio futuro non averlo raggiunto?

In merito al *piacere:* "Quali sono i vantaggi che otterrò dal raggiungere ora l'obiettivo? / E i benefici per me, la mia famiglia, i miei figli? / Che miglioramenti avrò una volta raggiunto l'obiettivo?"

3. **Spezza la sinapsi.** Dopo esserti posto queste domande, cosa occorre fare, in concreto, per sostituire il vecchio schema di pensiero con uno più produttivo? Semplicemente cambiando le azioni che hai fatto fino ad ora, sostituendole con altre più funzionali rispetto al tuo scopo. Ricorda: le persone che continuano a fare sempre le stesse ottengono sempre gli stessi risultati. Per cui, cambia le azioni da compiere e, in altri termini, spezza la sinapsi.

La sinapsi è un collegamento neurologico che si verifica col passaggio di informazioni tra neuroni. E questo collegamento neurologico, si trasforma in pensieri, in comportamenti e quindi in abitudini. Per rappresentare metaforicamente una sinapsi, immagina un solco che creiamo nel nostro cervello e, più percorriamo quel solco, con le informazioni con cui nutriamo il nostro cervello, più il solco diventa profondo. Pensa a quando devi attraversare un prato da un estremo all'altro. Passandoci la prima volta, vedrai l'erba schiacciata dai tuoi passi che forma un lieve solco. La volta successiva, per attraversare nuovamente il prato, lo farai nello stesso punto dove lo hai fatto la volta precedente e il solco diventerà più profondo. E, ormai per abitudine, ogni volta che dovessi attraversare il prato, lo faresti lì dove hai facilitato l'accesso col tuo passaggio.

È quello che accade al nostro cervello, che va proprio lì dove trova minor resistenza e, quel comportamento che hai fatto a livello cognitivo, che diventa sempre più facile man mano che lo ripeti, a lungo andare, passerà nel tuo inconscio e si sedimenterà in te tanto da diventare un'abitudine.

Per renderti più chiaro l'esempio, pensa a quando hai imparato a guidare l'auto. All'inizio, a livello cognitivo e, quindi, ponendo massima attenzione, hai fatto ogni singolo passaggio: spingi la frizione, metti a folle, accendi il motore, spingi la frizione e ingrani la prima e così via. Ma, man mano che hai fatto pratica, hai sedimentato nel tuo inconscio ogni singola sequenza, creando una tua abitudine di guida. Per cui, spezzare la sinapsi, ossia lo schema comportamentale, significa sostituire un'abitudine con un comportamento più produttivo e funzionale. E questo sarà possibile nel momento in cui effettuerai la quarta strategia.

4. Sostituisci lo schema di pensiero che sostituisce definitivamente il vecchio schema. Per fare questo, è necessario che questa alternativa produca intenso *piacere* rispetto allo schema precedente che produceva intenso *dolore* e che ti limitava o addirittura bloccava il tuo potenziale. E, affinché possa diventare una nuova abitudine, è necessario che sia condizionata a livello cognitivo, ossia occorre individuare una strategia che porti ad intraprendere delle azioni ripetute nel tempo con: *Determinazione, Costanza, Perseveranza.* Fino a che il sentiero non diventi un'autostrada.

5. Strategia "Ripetizione 1X21". La strategia che ho ideato, da adottare affinché si possa sostituire una nuova abitudine, l'ho chiamata "Ripetizione 1X21". In altri termini, individua un comportamento, funzionale alla sostituzione del vecchio schema di pensiero, da ripetere per minimo 21 giorni consecutivi con determinazione, costanza e perseveranza. Questo ti permetterà di consolidare l'abitudine a perseverare nel raggiungere l'obiettivo e non abbandonare alla prima difficoltà.

6. Diventa refrattario alle influenze esterne negative, tipo consigli scoraggianti o critiche di parenti, amici o in genere di persone che non hanno titolarità a commentare perché incompetenti in materia.

7. Comincia adesso anche se il progetto non è ancora perfetto nei minimi dettagli.

VERITÀ n. 26: L'azione alimenta la motivazione.

Potresti anche mostrare all'inizio un certo scetticismo di fronte a questo tipo di approccio, ma posso garantirti che c'è un'ampia biografia di persone famose che sono appunto diventate famose partendo da zero e utilizzando questo preciso metodo.

Per applicare queste fasi, ci vuole innanzitutto la comprensione che la realizzazione di un obiettivo non può essere lasciata al caso fortuito o alle occasioni favorevoli, ma è il frutto di un *sogno*, che si è tramutato, con chiarezza, in *desiderio*, poi in *convinzione* e in *volontà*, poi in *progetto pianificato* e solo in ultimo in *realizzazione*.

Se ciò che desideri e in cui credi fermamente è giusto per te, non permettere mai a nessuno di intralciare il tuo intento e di essere sbeffeggiato per il tuo sogno. La storia è piena di grandi sognatori, pionieri che, sbeffeggiati, imperterriti, hanno proseguito verso la realizzazione dei loro sogni, nonostante le momentanee sconfitte subite, perché

VERITÀ n. 27: il fallimento è una variabile sempre contemplata per poter raggiungere il successo.

Gli amici di *Guglielmo Marconi* lo fecero rinchiudere in manicomio quando comunicò di aver scoperto il metodo per far viaggiare messaggi nell'etere senza l'ausilio di cavi o fili o altri mezzi di comunicazione.

111

Guardando *Thomas Edison*, si deduce che il fallimento è una costante del suo metodo di lavoro perché è colui che ne ha collezionati tantissimi. Tentava, provava, sperimentava, e continuava a provare finché non riusciva. Diceva "Non ho fallito, se non ha funzionato facendo una cosa in diecimila modi diversi. Non mi scoraggio, perché ogni prova andata male, è un passo avanti".

Nel laboratorio annesso al negozio di biciclette che gestivano insieme a Dayton, nell'Ohio, *i fratelli Wright* svolsero un gran numero di esperimenti sul campo, nel corso dei quali, si fecero un'idea precisa dei principi più elementari dell'aerodinamica. Il risultato fu il *Wright Flyer*, il primo mezzo motorizzato più pesante dell'aria che eseguì un volo controllato il 17 dicembre 1903 e che venne considerato uno dei più importanti aeroplani dell'era pionieristica. Oggi i cieli sono pieni del sogno dei fratelli Wright.

I sogni non nascono sicuramente dalla pigrizia o dall'inattività, ma, sicuramente dall'ambizione di fare e di diventare e, spesso, germogliano proprio da uno stato di crisi in cui, inevitabilmente, facciamo i conti con noi stessi, con la nostra realtà e con il forte senso di disagio che proviamo, che ci sussurra che è arrivato il momento di cambiare lo stato delle cose e proiettarci in un futuro migliore rispetto a quello che stiamo vivendo.

Ricorda, quanto più forte sarà il desiderio di raggiungere l'obiettivo tanto più flebile sarà la probabilità di non farcela. E tanto più ci crederai tanto più non accetterai le parole *"impossibile"* e *"sconfitta"*.

RIEPILOGO DEL CAPITOLO 6:

- 10 SUGGERIMENTI PER DEFINIRE CON PRECISIONE IL TUO OBIETTIVO

1. Formula in positivo il tuo obiettivo.

2. Il tuo obiettivo deve essere specifico, definito e misurabile.

3. Fissa la data di realizzazione del tuo obiettivo.

4. Stabilisci cosa sei disposto a dare in cambio

5. Rendi fattibile il tuo obiettivo.

6. Rendi motivante il tuo obiettivo.

7. Il tuo obiettivo deve essere in linea con i tuoi Valori.

8. Visualizza il tuo obiettivo.

9. Elabora un progetto e fai una pianificazione dettagliata.

10. Scrivi una frase chiara e precisa.

- 7 STRATEGIE PER RAGGIUNGERE IL TUO OBIETTIVO

1. Abituati a leggere ad alta voce la frase scritta.

2. Impara a prendere consapevolezza di come impedisci a te stesso di realizzare ciò che desideri.

3. Spezza la sinapsi.

4. Sostituisci lo schema di pensiero.

5. Strategia "Ripetizione 1X21".

6. Diventa refrattario alle influenze esterne negative.

7. Comincia adesso.

- VERITÀ n. 25: Il potere della visualizzazione consente di modellarti sull'immagine di te stesso come un leader vincente.
- VERITÀ n. 26: L'azione alimenta la motivazione.
- VERITÀ n. 27: Il fallimento è una variabile sempre contemplata per poter raggiungere il successo.

SECONDA STORIA
Il Mentore che non vedeva il bicchiere

Non ho avuto la possibilità di fare pace con mio padre durante il suo ultimo percorso su questa terra. Dico sempre che se n'è andato a fare un giro intorno alle galassie e me lo immagino che, mentre viaggia, finalmente è felice e sorridente. Cosa che non lo è mai stato quando era in vita.

Quel giorno del suo ricovero in ospedale è stata l'ultima volta che è stato lucido e, come consuetudine tra noi, in un suo attimo di lucidità, abbiamo avuto il nostro ultimo scontro padre figlio e, una volta caduto in uno stato di incoscienza, non ho avuto più il tempo, in quegli ultimi giorni della sua malattia, di salutarlo come avrei voluto.

Da quel giorno del suo ultimo viaggio, cerco di recuperare nella mia mente qualche momento di allegria o di una tenera carezza vissuta con lui. Mi sforzo ma non ci riesco, non lo trovo. È stato sicuramente un buon padre, che ha insegnato a me e mia sorella il senso dell'onestà come valore supremo nonostante tutto e tutti, del rigore, del lavoro e del sacrificio. Ci amava e ci proteggeva. Ma a modo suo. Senza mai mettere in discussione sé stesso e i suoi metodi bruschi e iracondi di trattare con la vita, con cui ha avuto un rapporto perennemente burrascoso e di amore/odio.

Ma le motivazioni le ho solo comprese poco prima della sua morte, quando sembra che, prima del trapasso, si rivivono i momenti salienti di tutta la propria vita. E in quei momenti, quando è tornato per un attimo alla sua infanzia, ho capito, giustificato e perdonato.

Duro e abituato al comando fuori e dentro casa, era il capo del personale di un'azienda siderurgica con più di mille dipendenti quando, negli anni 70, gli anni di piombo, si trovava ogni giorno a scontrarsi e a tener testa a squadre di operai che manifestavano contro tutto e tutti. E questo suo modo di affrontare queste situazioni in azienda, se lo portava anche a casa dopo il lavoro. Puoi immaginare che atmosfera regnava in casa. Sì, era un buono d'animo, imprigionato in una gabbia fatta di regole e rigore, dove l'andazzo di questa società in cui viviamo, fatta anche di soprusi, scorciatoie per arrivare al potere, di bruto calpestio dei diritti umani, di mancanza di rispetto del prossimo, di noncuranza dei bisognosi, lo facevano andare letteralmente su tutte le furie. Amava leggere tantissimo, soprattutto autori greci classici e filosofi tra cui la "Repubblica" di Platone. Tutti lo ricordano come un vero gentiluomo per i suoi nobili pensieri, ma celava molto bene, dietro quella sua maschera marmorea, i suoi buoni sentimenti.

Non era colpa sua. Era cresciuto, sin da bambino, in un ambiente che ha radicato in lui, come un'antica sequoia, la convinzione che la vita è solo sofferenza, che non esiste la felicità, che devi arrangiarti per sopravvivere, che devi mostrare solo il lato duro e aggressivo del tuo carattere e mai manifestare gesti di affetto, per evitare di sembrare un debole. D'altronde, come lo si può biasimare? Un bimbo cresciuto in un ambiente dove è mancata la minima carezza, dove la durezza di sua madre avvolgeva tutto e tutti come una cappa soffocante.

Non ho timore a fare tale tipo di disamina di quella che è stata la sua famiglia di origine. Ma sono profondamente dispiaciuto per come mio padre ha dovuto vivere la sua infanzia che lo ha condizionato inesorabilmente per tutta la sua vita. Mai una carezza ricevuta e mai una carezza data a noi figli. Forse, pensandoci, perché non ha mai saputo come poterla donare. Una carezza, un piccolo gesto d'affetto, ma con un enorme significato nelle implicazioni che ha nella formazione e nella crescita di un uomo.

Paradossalmente, se gli avessi chiesto "papà il bicchiere è mezzo pieno o mezzo vuoto?" sarebbe stato capace di risponderti "perché c'è un bicchiere lì?". Questo per farti capire quanto fosse pessimista. Demotivatore incallito di un figlio motivatore. Sembra un paradosso ma è la verità.

Di fronte a qualsiasi entusiasmo o successo che ho ottenuto nella mia vita, la sua fredda risposta era sempre la stessa: *"fai attenzione...!"*. Mai gli ho sentito pronunciare un *"bravo, sono fiero di te..."* come dovrebbe fare ogni genitore con il proprio figlio, per rinforzare quei comportamenti produttivi e motivanti e sostenere l'autostima del proprio figlio, specie nella fase più delicata, quella adolescenziale. Ma *"fai attenzione"* a cosa? Per lui era solo importante metterti in guardia dalle insidie della vita. Anche quando c'era da festeggiare. Nel suo vocabolario non esisteva la parola *"successo"* ma solo *"fare attenzione"* a prescindere da tutto e tutti.

Ecco come sono cresciuto io: lottando l'intera vita contro questi suoi comportamenti limitanti. E di qui, i miei perenni contrasti e litigi con lui. Più lui mi ripeteva quel monito, che rimbombava assordante e frastornante nella mia testa, più io lo affrontavo, osando oltre quel muro di diffidenza, di volersi accontentare e arrangiare.

"Osare" contro *"Fare attenzione"*. Due approcci alla vita diametralmente opposti. Due modi di affrontare la realtà da visuali completamente diverse e con prospettive completamente diverse. E questo per lui era inaccettabile; così come era inaccettabile per me, il suo modo di affrontare qualsiasi situazione con comportamenti limitanti e di chiusura, piuttosto che con slanci di entusiasmo e di calore.

In PNL (*Programmazione neurolinguistica*) i *metaprogrammi* sono un insieme di filtri percettivi che generano schemi di comportamento inconsci che agiamo per muoverci ed interagire nella nostra realtà. Ce ne sono molti di metaprogrammi e, conoscere quelli più importanti, è di grande supporto per capire come controllare le decisioni che ti trovi ad intraprendere e capire i comportamenti e le motivazioni delle persone con cui si entra in relazione.

Il metaprogramma di cui voglio parlarti è quello denominato *"Via da"* e *"Verso"* che è un metaprogramma di direzione perché indica la direzione delle persone (se vanno verso qualcosa o si allontanano da qualcosa), cosa le motiva e che viene usato ogni volta che ci si trova ad affrontare delle scelte e a prendere delle decisioni.

Indizi per evincere se una persona è un *"Verso"* o un *"Via da"* si hanno dal linguaggio e dai comportamenti. La persona con metaprogramma *"Via da"* fa qualsiasi cosa con la finalità di allontanarsi da qualcosa che lo fa star male. Pone quindi *attenzione* a non avvicinarsi mai alla fonte del dolore. Per cui, farà di tutto pur di non soffrire e la sua vita sarà sempre in funzione di evitare la sofferenza. Il fatto è che, se ti concentri solo su ciò che ti fa soffrire, vedrai intorno a te solo sofferenza. È quello che vedeva mio padre: solo sofferenza. E questo perché concentrava la sua attenzione solo su quello che faceva più male e quindi, tutti i suoi comportamenti erano finalizzati ad allontanarsi dalla sofferenza.

Ora, ti invito a immaginare una persona che ti mette in guardia da un probabile pericolo. Mentre ti dice "stai attento che potrebbe succederti ..." Come lo immagini? Allegro, sorridente, gioviale, con una postura di apertura tipica di chi accoglie o lo immagini a tratti cupo, con una voce rigida e con un atteggiamento di chiusura e a volte anche aggressivo pronto a combattere per difendersi? Sono certo che lo ritroverai nel secondo profilo descritto. Ecco: questo era, il più delle volte, mio padre. Anche se non c'era nulla da cui proteggersi o evitare.

Non voglio generalizzare ma spesso, queste caratteristiche basilari, le ritrovi, per chi più, chi meno, nelle persone che hanno come metaprogramma primario *"Via da"*. Vivono costantemente in una situazione di allerta anche senza giusta ragione.

La nostra perenne incomprensione era anche causa dei nostri metaprogrammi opposti, dato che io ho un metaprogramma *"Verso"*. E come me, ogni persona *"Verso"*, al contrario del *"via da"* va, appunto, sempre verso un obiettivo. È motivato a raggiungere la sua meta. Per cui, ha chiara la direzione verso cui andare e visualizza nella sua mente ciò che vuole realizzare.

Di conseguenza, la sua azione è in funzione della direzione verso la destinazione. A livello comportamentale sarà energico, con gesti di apertura, con la testa alta come se stesse visualizzando nella sua mente l'obiettivo, con una postura eretta e aperta verso la direzione. E dal suo verbale si evincerà entusiasmo e motivazione.

Qualcuno, durante i miei corsi o nelle mie sessioni di business coaching, quando appunto spiego i metaprogrammi, inconsapevolmente, mi chiede quale dei 2 è il metaprogramma preferibile. Non c'è uno preferibile all'altro. Ma sicuramente hanno entrambi la loro utilità a seconda dei vari contesti. E per rispondere a questa domanda faccio sempre l'esempio di come dovrebbe essere composta una squadra, ad esempio un team di progetto e, a tal proposito, uso la metafora del viaggio notturno di un'auto rappresentata, appunto, dal team di progetto.

I collaboratori *"Verso"* sono quelli che guidano mentre i collaboratori *"Via da"* sono quelli che accendono i fari dell'auto e fanno attenzione agli ostacoli lungo il tragitto. Se selezioni solo collaboratori *"Verso"*, molto probabilmente il progetto si schianterà contro un muro e quindi fallirà. Questo perché i *"Verso"* puntano dritti all'obiettivo, senza considerare che, lungo il percorso, si celano mille insidie e problemi che vanno preventivati, analizzati e, quindi, elaborate delle strategie di risoluzione, qualora dovessero verificarsi. E chi è bravo a porre attenzione alle insidie e ai problemi che si incontrano durante il percorso? I *"Via da"*.

Ma se metti nel team soltanto i *"Via da"*, la macchina non partirà mai perché ci saranno sempre mille problemi da risolvere prima di partire e, per paura di fallire, non si partirà mai. Ecco perché è importante inserire in un team il giusto mix di persone, alcuni

124

"Verso" e altri *"Via da"* in modo tale che i *"Verso"* saranno il motore propulsivo, capace di viaggiare anche di notte a fari spenti verso l'obiettivo e i *"Via da"* accenderanno i fari per illuminare il percorso e scansare le insidie.

Oggi che sono padre e marito e ho la grande responsabilità della mia famiglia, ma anche la responsabilità, come coach, nei confronti dei miei clienti, affinché possano raggiungere col mio supporto i risultati desiderati, questa metafora del viaggio nella notte per me è fondamentale.

Mio padre è ora il mio mentore, colui che mi illumina il viaggio verso l'obiettivo. Ogni qualvolta devo prendere una decisione, con lo slancio ed entusiasmo creativo che mi caratterizza, consulto mio padre che mi ripete *"fai attenzione"*. E quel suo monito, ora, serve ad illuminarmi e guidarmi nel percorso della mia vita con responsabilità, a frenare un attimo il mio iniziale entusiasmo e ponderare sempre, in maniera critica e più oggettiva possibile, i punti di forza e di debolezza di ogni azione o progetto da intraprendere e gli ostacoli che potrei incontrare lungo il mio cammino.

CAPITOLO 7

Decidere e Agire per realizzare il tuo obiettivo

"Quando il tuo obiettivo è nella tua mente e nel tuo cuore, allora è quasi raggiunto. Ciò che ti separa dalla realizzazione è soltanto l'azione" (*A. Abate*)

"Tra il dire e il fare c'è di mezzo il mare". Quante volte hai sentito ripetere questo adagio? Immagino tante. Ogni qualvolta si pone l'accento sull'importanza di passare all'azione una volta detto e deciso cosa si vuole fare. Solo quando avrai definito chiaramente la tua direzione e la meta che vuoi raggiungere, sarai pronto ad accendere il motore della tua auto e partire. Si tratta di *decidere* e *agire*.

VERITÀ n. 28: Decidere e Agire è ciò che fa la differenza tra chi vince e chi perde.

Si tratta di utilizzare la *giusta strategia* che ti consentirà di scegliere la soluzione più adatta alla situazione, decidere di applicarla e passare all'azione per arrivare al tuo obiettivo in modo rapido, efficace ed efficiente. Si tratta di imparare come diventare più capace e come fare la cosa giusta al momento giusto.

E voglio iniziare con una storia vera. Narra di un grande condottiero che si trovò a dover prendere un'importante decisione che avrebbe determinato il suo successo sul campo di battaglia, dove il suo esercito si sarebbe dovuto confrontare con un nemico molto più potente e numeroso del suo. Salpò col suo esercito e con la sua flotta di navi alla volta delle coste del paese del nemico e, una volta a destinazione, diede l'ordine di bruciare le navi che li avevano trasportati fino a lì. Una volta bruciate le navi si rivolse ai suoi soldati: "Osservate le navi che bruciano. Ciò significa che non potremo più lasciare queste coste da vivi a meno che non vinciamo la battaglia. Non abbiamo altra scelta, o vinciamo o moriamo". E alla fine vinsero.

Taglia col tuo passato che ti ancora, ma porta con te nel tuo futuro tutto ciò che ti ha aiutato a crescere. (*A. Abate*)

Cosa ha portato questo condottiero a fare in modo che il suo esercito, se pur in minoranza, vincesse la battaglia? Ha fatto in modo di cambiare, attraverso una strategia, lo schema di pensiero di ogni suo soldato. Non ha solo bruciato le navi ma ha anche reciso, per ognuno di loro, la possibilità di pensare ad un'altra soluzione che fosse diversa da quella della vittoria o della morte, utilizzando solo 2 leve motivazionali: il *piacere* della vittoria e il *dolore* della sconfitta.

E ha fatto in modo da associare alla sconfitta la massima quantità di "*dolore*" possibile rappresentata dalla morte, talmente forte che era inevitabile cambiare schema di pensiero e focalizzarsi esclusivamente sul vincere la battaglia.

Si tratta di imparare anche tu *come* adottare le giuste strategie per decidere e agire, in maniera rapida ed efficace, nelle tre aree più importanti della tua vita: la *carriera*, la tua *vita privata* e il *benessere psico-fisico*. Dovrai imparare a farlo con un atteggiamento mentale positivo che ti consenta di affrontare qualsiasi situazione in maniera efficace ed efficiente, generando benessere nella tua vita e in tutti coloro che, in un modo o nell'altro, rientrano nella sfera dei tuoi interessi professionali, famigliari o relazionali, risparmiando tempo e sofferenze.

Si, perché il come prendi le *decisioni* e la *velocità* con cui prendi una decisione è quel quid che fa la differenza, che rende una persona leader della propria vita rispetto a chi ha paura di prendere decisioni e preferisce rimanere nella sua zona di comfort, che ha deciso di non prendersi le sue responsabilità e, rassegnato o disposto ad accontentarsi di ciò che la vita gli offre, decide di non cambiare la sua situazione.

VERITÀ n. 29: Non basta decidere. Occorre avere le *giuste* *strategie* per decidere. E, comprendere come prendi le tue decisioni, ti aiuterà a farlo sempre, ogni volta che dovrai affrontare una qualsiasi situazione.

Tutto quello che realizziamo, soddisfacente o anche non soddisfacente, tutte le nostre azioni o le azioni che evitiamo di agire, sono il risultato di scelte che compiamo. E ogni scelta è il frutto di una decisione che prendiamo. Ma anche quando pensi di *non decidere*, stai in realtà decidendo di non prendere una decisione, per cui, stai decidendo.

Ogni momento della nostra giornata è fatta di decisioni e scelte, da quelle più elementari tipo "quale camicia indosso oggi?" a quelle più complesse che implicano scelte di carattere professionale, famigliare o inerente la nostra sfera del benessere. Quindi è chiara l'importanza di saper decidere e scegliere per il meglio.

Stiamo parlando, ovviamente, di decisioni che comportano un determinato carico emotivo e che, una volta prese, hanno *implicazioni* importanti per la nostra vita e per quelle a cui la nostra vita (*professionale* o *privata*) è collegata. Parliamo di quelle decisioni che non vanno prese in situazioni di normalità, ossia quando hai il tempo dalla tua parte, quando puoi ragionarci su tranquillamente, ma stiamo parlando di quelle decisioni prese in momenti critici, di difficoltà, quando tutto sembra remarci contro.

Vivere da leader significa, pertanto, anche e soprattutto imparare a prendere decisioni importanti *in situazioni critiche* o di *"non tranquillità"* che riguardano ogni sfera della tua vita e magari, proprio in questo momento, in merito a qualche area della tua vita, sei in una situazione di indecisione, ti trovi a un bivio e non sai quale scelta più giusta prendere. E questo perché ogni scelta che devi prendere è condizionata da 3 fattori:

• passato

• presente

• incertezza del futuro

VERITÀ n. 30: Condizioni le tue scelte a seconda di dove direzioni la tua mente.

Se direzioni la tua mente sui tuoi ricordi, pensi alle tue esperienze pregresse, ai successi e ai non successi e a tutto quello che di importante hai vissuto; se sulla percezione di quello che stai vivendo nel tuo presente e in base alle valutazioni che stai facendo delle informazioni a tua disposizione; o se al tuo futuro con il forte condizionamento dovuto alla non *conoscenza e all'incertezza, all'aleatorietà* del rischio derivante dalla scelta che effettuerai. In questo caso, quanto più sarà grande il gap, il differenziale tra certo e incerto, tanto più sarà arduo dover prendere una decisione e compiere la scelta.

Voglio portarti a prendere consapevolezza che, in situazioni come queste, esiste la possibilità di attingere e fare nostri modelli decisionali da applicare a seconda delle *interferenze* che arrivano dall'esterno.

Pensa ai tanti suggerimenti e consigli degli altri che spesso ti mandano in confusione, tanto da non sapere quale strada intraprendere, perché vorresti dare ragione a tutti e a nessuno; o pensa a quella vocina interiore che fa capolino in queste situazioni e che comincia a ripeterti frasi del tipo " non so da dove incominciare; / e se poi prendo questa decisione cosa potrà accadere?; / ho poco tempo a disposizione e non posso attingere a tutte le informazioni che vorrei…e se…se…se".

I tanti *"se"* servono soltanto a mandarti in confusione e a bloccarti. Allora in questi casi è utile dotarti di una o più strategie decisionali a tua disposizione, che, seguite ed eseguite *step by step*, hanno, in primis, l'obiettivo di fare in modo di gestire in maniera efficace il tuo stress e farti procedere verso la presa di decisione in maniera consapevole e funzionale al tuo obiettivo.

LE 3 CONDIZIONI PER PRENDERE DECISIONI IMPORTANTI

1. La Cognizione di come prendi le tue decisioni; ma anche la consapevolezza delle tue capacità e abilità necessarie, da utilizzare nella fase dell'azione, una volta presa la decisione e compiuta la scelta. A tal proposito, in merito alle tue capacità, le domande funzionali che dovrai porti inizieranno sempre con: "Come posso...? / Cosa mi occorre...? / Di cosa ho bisogno per...?

2. La Flessibilità di come pensi e come agisci in base alle circostanze.

3. La Rapidità con cui effettui le tue scelte. Perché, in determinati momenti, la rapidità fa la differenza tra vincere o perdere, tra cogliere o mancare un'opportunità (spesso diciamo *"prendere quel treno che passa una sola volta nella vita"*), un secondo prima o un secondo dopo e ti lasci sfuggire la "presa".

E queste 3 condizioni vanno combinate tra di loro a seconda della situazione che ti troverai a dover risolvere. Ti troverai in situazioni dove dovrai essere rapido nel prendere la tua decisione e momenti in cui sarà necessario ponderare, con la giusta analisi, la situazione in oggetto. Ma, in ogni caso,

VERITÀ n. 31: le tue scelte determinano molto del tuo destino.

Ma, proprio per prendere consapevolezza e imparare a prendere decisioni importanti, vediamo come si sviluppa il processo che porta a prendere una decisione.

IL PROCESSO DECISIONALE

Tutto nasce nel momento in cui si innesca in noi una forte sensazione di disagio, una sensazione di stimolo, desiderio a voler cambiare qualcosa. E, questa sensazione la avvertiamo nel preciso istante in cui percepiamo un gap tra ciò che si è verificato e ciò che avremmo voluto si verificasse in base alle nostre aspettative. Ossia, quel differenziale tra risultati attesi e risultati ottenuti. Quando questo gap è negativo allora scatta in noi questa sensazione di disagio. E tanto più forte è, tanto maggiore sarà la nostra volontà di decidere di cambiare.

2 STRATEGIE PER DECIDERE E AGIRE

A questo punto voglio condividere con te 2 delle tante strategie per imparare a decidere ed agire.

1. Leva Dolore/Piacere. Riprendiamo i metaprogrammi che ti ho esposto nella mia seconda storia e che rappresentano le 2 leve motivazionali primordiali *"Via da"* e *"Verso"*. Infatti, da sempre l'uomo si muove essenzialmente in 2 direzioni: una direzione che lo porta *"lontano dal"* dolore, che può essere oltre che fisico anche psicologico, *"verso"* il piacere, sia fisico che emozionale e psicologico. In presenza di queste 2 leve, ossia quando viene alterato in noi un *equilibrio* (o quando il dolore supera una determinata soglia di sopportazione, o quando il desiderio di provare un determinato piacere è molto intenso), allora decidiamo di avviare un processo di cambiamento.

Cosa fare? In base ad una tua decisione da prendere, contempla ora tutte le possibili scelte che puoi prendere e, in base alla leva *dolore*, per ognuna di queste scelte, fai una valutazione, attribuendo un punteggio che va da 0 (non provo dolore) a 10 (provo il massimo del dolore) in relazione a quanto è forte il disagio, il fastidio e tutte le emozioni negative che provi.

Fai ora la stessa cosa per quanto riguarda la leva *piacere*, ossia fai una valutazione di ogni sensazione positiva (es. gratificazione, soddisfazione, benessere che provi etc.) associata alle varie possibilità di scelta che hai e, anche in questo caso, attribuisci un punteggio che va da 0 (non provo nessun piacere) a 10 (provo il massimo del piacere).

Domande Guida. Per estrarre più facilmente la percezione dolorosa o piacevole della scelta da compiere, poniti domande del tipo: "Cosa mi impedisce di prendere questa decisione? Di cosa ho paura? / Cosa mi spinge a prendere questa decisione? / Cosa proverò prendendo questa decisione? / Prendendo questa decisione, qual è la cosa peggiore/migliore che può accadermi?"

Alla fine di questo processo, avrai più chiara la situazione delle tue scelte e potrai più agevolmente stilare un elenco di tutte le scelte, partendo dal basso, dove porrai la scelta più dolorosa e risalendo fino all'apice, dove inserirai la scelta che ti produce più piacere e che sarà, quindi, la scelta da effettuare.

2. Leva Urgente/Importante. Spesso capita che le persone diano più attenzione alle cose *"urgenti"* rispetto alle cose *"importanti"* che, generalmente, sono legate ai Valori, ossia a ciò che è importante per noi. Questo a lungo andare, genera uno stato di frustrazione e di dispersione di energie, perché non è con le cose urgenti che viene gratificata la nostra sfera emozionale e motivazionale, bensì svolgendo le cose importanti che, spesso, appunto sottendono al soddisfacimento di un qualche Valore.

Una cosa importante va fatta con passione, dedizione, con costanza e attenzione che vanno poste nel corso del periodo necessario affinché giunga a realizzazione. Per cui, è essenziale che non venga fatta con ansia e affanno contro il tempo. Diversamente dalla cosa urgente che presuppone tempestività e, in alcuni casi, anche anticipazione prima che possa verificarsi.

Cosa fare? Stila un elenco di tutte le scelte da considerare in relazione a una decisione da prendere. Prendi un foglio di carta e suddividilo in 4 quadranti, secondo la "Matrice Urgente/Importante" elaborata da Stephen Covey, come nell'esempio seguente:

	URGENTE	NON URGENTE
IMPORTANTE		
NON IMPORTANTE		

Otterrai questi 4 quadranti:

1°: Importante/Urgente

2°: Importante/Non Urgente

3°: Non Importante/Urgente

4°: Non Importante/Non Urgente

Domande guida. Per ognuna delle scelte che hai contemplato poniti domande tipo:

- Che tipo di attività o azione presuppone questa scelta?
- In quale di questi 4 quadranti va inserita l'attività o azione da effettuarsi in merito a questa scelta?
- Quanto sono importanti per te i risultati di questa scelta?
- A che tipo di soluzione porta questa scelta?

• Quale situazione risolverebbe tale scelta?

In base alle risposte che darai, ogni scelta che hai elencato verrà inserita in uno dei 4 quadranti. Ovviamente, se si tratta di una situazione importante, la scelta decisionale da preferire sarà quella che inserirai nel 2° quadrante *Importante/Non Urgente*. Diversamente, se la situazione presuppone, prima di tutto tempestività o, come abbiamo visto, addirittura anticipazione prima che possa verificarsi, la decisione verrà inserita nel 1° quadrante *Importante/Urgente*.

Portare a livello di consapevolezza tutte queste fasi e imparare a processarle sempre più rapidamente, valutare la quantità e la qualità delle informazioni a disposizione, selezionare solo quelle più adatte al nostro scopo, è una questione di allenamento, di reiterazione continua e costante che porta le persone a sviluppare un'abilità, quella di prendere decisioni importanti, che è una peculiarità, è il quid che fa la differenza tra chi vuole diventare leader della propria vita a 360 gradi e chi, invece, ha deciso di non decidere di passare all'azione e, quindi, di diventare finalmente leader di se stesso.

A questo punto, mi preme darti alcuni validi suggerimenti affinché tu possa sin da subito prendere consapevolezza e migliorare la tua abilità di prendere decisioni importanti:

Sii solo e sempre tu a decidere. Ricorda che sei sempre e solo tu il *responsabile* delle azioni che compi.

Elimina il più possibile le interferenze esterne. In altri termini, evita che altri possano interferire, influenzare con le loro opinioni o suggerimenti il processo di selezione delle informazioni che ti necessitano per valutare le soluzioni che fanno al caso tuo e quindi di decidere e agire; o, quanto meno, valuta le informazioni che ti giungono dall'esterno in maniera più possibilmente oggettiva, fredda e distaccata senza implicazioni emotive. Pensa, per esempio, a tutte le volte in cui hai dovuto prendere una decisione e, per non fare torto a una persona a te cara che ha voluto darti il suo consiglio, sei rimasto fermo a un palo.

Allenati attraverso la consapevolezza di quanto fin qui detto, a prendere sempre più rapidamente le tue decisioni.

Evita di rimandare all'infinito. Chi rimanda una decisione senza darsi un termine di scadenza rimanderà all'infinito.

In conclusione, ricorda che essere leader significa essere capaci di prendere decisioni importanti concentrando il focus e le energie soltanto su quello che è *utile* e *funzionale* al proprio scopo e soltanto su ciò che si può *controllare direttamente*.

VERITÀ n. 32: Nel caso in cui i leader non riescano a controllare ciò che accade, hanno la capacità, con la giusta flessibilità, valutazione ed interpretazione, di dare sempre e comunque un senso, un significato agli eventi.

E questo è il frutto di come i leader hanno deciso di utilizzare le proprie capacità e di dove direzionare e come utilizzare la loro mente e le loro emozioni. Pongono a sé stessi domande di qualità che generano risposte di qualità e quindi pensieri, scelte, decisioni e azioni di qualità. E questo è anche nelle tue possibilità. La responsabilità, di come decidi di impiegare il tuo tempo, di come interpretare gli eventi e di come decidi di rispondere ad essi, è soltanto la tua.

RIEPILOGO DEL CAPITOLO 9:

- LE 3 CONDIZIONI PER PRENDERE DECISIONI IMPORTANTI

  1. La Cognizione;

  2. La Flessibilità;

  3. La Rapidità.

- 2 STRATEGIE PER DECIDERE E AGIRE

  1. Dolore/Piacere

  2. Urgente/Importante

- VERITÀ n. 28: Decidere e Agire è ciò che fa la differenza tra chi vince e chi perde.

- VERITÀ n. 29: Non basta decidere. Occorre avere le *giuste strategie* per decidere. E, comprendere come prendi le tue decisioni, ti aiuterà a farlo sempre, ogni volta che dovrai affrontare una qualsiasi situazione.

- VERITÀ n. 30: Condizioni le tue scelte a seconda di dove direzioni la tua mente.

- VERITÀ n. 31: le tue scelte determinano molto del tuo destino.

- VERITÀ n. 32: Nel caso in cui i leader non riescano a controllare ciò che accade, hanno la capacità, con la giusta flessibilità, valutazione ed interpretazione, di dare sempre e comunque un senso, un significato agli eventi.

TERZA STORIA

Il machete che cambiò la mia vita

Quella mattina del 29 Giugno di tanti anni fa, a Watamu in Kenya, ero di rientro al villaggio insieme a un gruppo di villeggianti. Camminavamo in ordine sparso sull'assolata spiaggia bianchissima in prossimità del bagnasciuga. Ero nelle retrovie a tenere d'occhio tutto il gruppo e chiacchieravo con alcuni ospiti.

All'improvviso avvertii un colpo violento alla mia spalla sinistra. Non riuscii immediatamente a realizzare cosa stesse succedendo, ma la tragedia si compì in pochissimi attimi. Subito dopo il colpo, vidi una figura ossuta e dal nero colore della pelle sorpassarmi a sinistra e correre sul bagnasciuga ad afferrare la ragazza che era accanto a me alla mia destra che, in quell'attimo, realizzò cosa stesse succedendo.

Vidi all'improvviso scintillare nell'aria il bagliore della lama di un machete che stava per abbattersi sulla ragazza. Scattai in

144

avanti e la strattonai dal braccio sinistro, allontanandola dal fendente che le ferì di striscio il braccio destro. Il tempo di proteggerla col mio corpo e incitarla a scappare, che questa nera figura invasata, cominciò a sferzarmi colpi di machete che io, prontamente, riuscii a schivare mentre continuavo a gridare al gruppo, con tutto il fiato in gola, di mettersi in salvo.

Ero sul bagnasciuga a cercare di difendermi e prendere tempo, mentre il gruppo, urlando, si diede alla fuga. Solo una ragazza, presa dal terrore, rimase immobile. Indossava il solo costume da bagno e un marsupio legato alla cinta. Dopo aver dimenato contro di me qualche colpo di machete andato a vuoto, la nera figura si avventò sulla ragazza, che era lì immobile alle sue spalle e la colpì con 2 colpi di machete sugli avambracci nel momento in cui lei alzava le braccia sulla testa, cercando di proteggersi da quella furia disumana.

Il terzo fendente le recise il marsupio che, prontamente, l'impostore afferrò con l'altra mano, proprio nel momento in cui io riuscii, prima con un calcio e poi saltandogli addosso, a metterlo in fuga col marsupio appena rubato. Ora, ero di fronte alla ragazza che, con 2 profonde ferite e con i tendini recisi, era completamente in preda al terrore e ricoperta di sangue. Un attimo dopo, si accasciò quasi svenuta tra le mie braccia. Solo in quell'istante, non avendo ancora visto il mio corpo, mi accorsi che anch'io ero completamente bagnato di un liquido caldo e denso che zampillava dalla mia spalla sinistra. Ero in un bagno di sangue. Ancora non avvertivo dolore ma solo indolenzimento.

Solo allora realizzai che quel colpo violento subito alle mie spalle, all'inizio della tragedia, era il colpo di machete che mi aveva aperto in 2 la spalla sinistra, solo 2 centimetri sotto la giugulare. Non c'era tempo per fermarmi a pensare. Avevo con me quella ragazza e dovevamo metterci in salvo, nell'eventualità quel demonio fosse ritornato alla carica.

Non avevo tempo perché perdevamo parecchio sangue e, grondando sangue che zampillava dalle nostre ferite, decisi di trascinarmi per circa 500 metri con in braccio il corpo della ragazza fino al punto in cui arrivarono i soccorsi. Grazie all'intervento tempestivo dei soccorritori e del medico, la ragazza recuperò i tendini. L'altra ragazza ebbe qualche punto di sutura. E io me la cavai con una trentina di punti, interni ed esterni, per ricucire i vari strati del muscolo.

Nei giorni a seguire la paura mi immobilizzò. Le notti insonni a rivivere l'incubo. Non riuscivo più a relazionarmi con la gente del posto, nonostante non avessero colpa dell'accaduto. Generalizzando, vedevo in ogni keniota un potenziale aggressore e, quindi, cominciai ad avere con tutti un atteggiamento ostile e aggressivo oltre che di difesa.

Fino a quando, qualche mese dopo quella tragedia, uscì nelle sale cinematografiche un film dal titolo "Nel continente nero" che era ambientato proprio tra Malindi e Watamu, negli stessi posti dove lavoravo e vivevo io. Il film denunciava il mal costume di una tipologia di italiani faccendieri e spregiudicati che arrivavano con prepotenza in queste aree a "colonizzare", oltre modo, anche la dignità del popolo autoctono.

Guardando quel film, interpretai quanto accadutomi da una prospettiva diversa. Diedi un significato alle grida di quell'uomo che, mentre sferzava i colpi di machete, gridava "italiani tutti morti". Probabilmente, avrà subito anche lui, precedentemente, qualche torto da qualche italiano senza scrupoli. Oppure, ancora più plausibile, le laute mance, elargite dai turisti alla popolazione autoctona, provocavano squilibri nel tessuto socio economico locale.

Basti pensare che, a quei tempi, una mancia di 10 dollari equivaleva a diversi mesi di stipendio di duro lavoro di una persona del posto. Per cui, per qualcuno di loro, sapere che in un marsupio c'erano centinaia di dollari e poterli sottrarre al malcapitato turista, anche a costo di uccidere senza alcuno scrupolo, poteva rappresentare motivo di risoluzione di parecchi problemi.

Riuscii a dare un senso a tutta quella amara vicenda e a contestualizzarla in uno spaccato sociale. Alla luce di queste mie nuove interpretazioni, smisi di generalizzare, diedi un mio significato all'accaduto e tornai ad amare e rispettare quel popolo. Ho potuto regalarmi questa seconda possibilità di vivere in armonia con i locali e apprezzare l'Africa, che mi ha accolto, grazie alla mia flessibilità di interpretazione di una vicenda terribile ma vista, non più con i miei occhi, ma con gli occhi e la dignità di un intero popolo.

Quando andai a lavorare in Kenya era il periodo in cui frequentavo la facoltà di Scienze Economiche e Bancarie. Partii in Africa perché non ero convinto della mia scelta universitaria e non avevo un obiettivo professionale chiaro. Ma, quando rientrai in Italia, sapevo perfettamente cosa volevo realizzare. Non avrei mai voluto lavorare nel settore bancario ma capii che mi piaceva il marketing, la formazione e lo sviluppo del potenziale umano e professionale.

Fu così che conseguii la mia laurea a pieni voti in Scienze Economiche e Bancarie, discutendo una tesi di laurea in Marketing Turistico, per poi continuare a formarmi, dopo la laurea, con i più importanti trainers a livello internazionale e conseguendo le Certificazioni Internazionali come NLP Business Coach *(Certificazioni della NLP SOCIETY di Richard Bandler co-creatore della PNL) e* studiando presso la Mastery University di Anthony Robbins. Iscritto al Registro dei Formatori Professionisti dell'AIF - Associazione Italiana Formatori, sono

Trainer ed Executive, Business & Team Coach per conto di Aziende, Imprenditori e Manager oltre ad essere Allenatore Mentale per sportivi. Trainer di PNL, Leadership, Sviluppo delle Organizzazioni, Motivazione e Crescita Personale, Tecniche di Vendita e Marketing nel corso di circa 20 anni ho formato oltre 40 mila persone in Italia e in Business School estere (Londra, Barcellona, Praga etc.) con più di 30mila ore tra aule di formazione e di sessioni di Coaching. Da anni effettuo docenze di Pnl e Coaching presso il Dipartimento di Studi Aziendali e Giusprivatistici – Corso di Laurea in Marketing e Comunicazione dell'Università di Bari.

E, una cosa di cui vado molto fiero, è quella di essere stato coach di Orientamento per i detenuti del Carcere Minorile di Bari. L'umanità e il calore che quei ragazzi mi hanno donato, per il lavoro svolto con loro, è stata la ricompensa più grande che si possa ricevere.

Il punto di svolta me l'ha data proprio quel colpo di machete sulla mia spalla. Quello che conta è come reagisci agli eventi e alla tua capacità di dare significato a ciò che ti accade.

CONCLUSIONE

Alla fine di questo percorso avrai intuito che diventare ed essere un leader non significa necessariamente dover esercitare e dichiarare la propria leadership in qualche contesto professionale, ma puoi essere leader nella tua vita di ogni giorno.

Basta prendere consapevolezza di chi sei, di cosa vuoi e di come ottenerlo e avere la capacità di scegliere, decidere e passare all'azione per raggiungere ciò che desideri realizzare.

Tutto quello di cui necessiti per esprimere il tuo potenziale già fa parte di te, perché diventare ed essere il leader che vuoi essere non può prescindere da chi sei, sei stato e da ciò che fino ad oggi hai realizzato. Devi solamente imparare e allenarti ad utilizzare le giuste strategie. Quello che pensi, si traduce in ciò che ti dici e, ciò che dici, genera forti condizionamenti in te stesso e negli altri che ti ascoltano.

Per cui, ti basterà avere chiaro il tuo scopo, il tuo perché. E quando il tuo perché è abbastanza grande, il come raggiungere l'obiettivo, ossia la strategia da adottare, non sarà mai un problema. Dovrai cominciare a pensare al di fuori dei tuoi soliti schemi di pensiero, perché se penserai diversamente, otterrai soluzioni diverse dalle solite ma, soprattutto, più efficaci.

Il segreto che rende vincente un leader sta, appunto, nella sua capacità di indirizzare la sua mente e le sue emozioni verso tutto ciò che è produttivo e funzionale al raggiungimento del suo obiettivo. Per cui, d'ora in poi, per qualsiasi problema o situazione critica tu debba affrontare, il mio consiglio per il tuo successo, è quello di concentrare la tua attenzione per il 90% alla risoluzione del problema e solo il restante 10% alla causa che l' ha generato.

Quando, relativamente a una data situazione, non ti piace ciò che stai sentendo o provando, cambiare focus, o quello che stai facendo, ti aiuterà a cambiare le tue emozioni. Condizioni le tue scelte a seconda di dove direzioni la tua mente. Dovrai semplicemente cominciare a porti domande di qualità, ottenendo, quindi, risposte di qualità e quindi pensieri, scelte, decisioni e azioni di qualità.

La consapevolezza delle tue capacità e di come usi le tue risorse interiori sarà alla base della tua responsabilità di fare le scelte più oculate e giuste, sia per il tuo bene che di quello del gruppo di persone che guidi. In questo sta il significato dell'essere leader di sé stesso e degli altri: significa essere convinti del proprio potenziale, della chiarezza della direzione verso un obiettivo e della capacità di prendere decisioni e agire, anche in situazioni critiche, verso la direzione che ti porterà a destinazione.

Decidere e Agire è ciò che fa la differenza tra chi vince e chi perde. Non basta decidere, perché è l'azione che alimenta la motivazione. E la motivazione non è mai in funzione dell'obiettivo che si intende realizzare. Ma risiede in ciò che si proverà, si diventerà o si otterrà una volta che lo si sarà raggiunto. La finalità del perseguire e raggiungere un obiettivo sta proprio in ciò che diventiamo nel momento in cui lo realizziamo.

Ma occorre avere le *giuste strategie* per decidere. *Comprendere* come prendi le tue decisioni, con quale *flessibilità* pensi e agisci in base alle circostanze e la *rapidità* con cui prendi le tue decisioni sono condizioni che ti aiuteranno in ogni situazione: in alcune dovrai essere rapido nel prendere la tua decisione, in altre sarà necessario ponderare con la giusta analisi la situazione in oggetto.

Una volta che comincerai ad ottenere risultati auspicati, crescerà in te la fiducia nel tuo potenziale. Ma, cosa altrettanto importante, aumenterà la *fiducia* che gli altri riporranno in te sulla base delle tue abilità e competenze. Fino a giungere ad essere riconosciuto ancora più autorevole e affidabile nella guida del tuo gruppo verso un obiettivo.

Fiducia che deriverà dalla tua capacità di trasmettere sicurezza, perché vorrà dire che sarai stato capace di visualizzare e far visualizzare, anche agli altri, ciò che intendi realizzare. Le persone sono disposte a seguirti solo se sai chiaramente ciò che vuoi realizzare e la direzione verso cui andare per realizzarlo.

Hai a tua disposizione 10 suggerimenti e 7 strategie, che ti ho illustrato in questo libro, che ti permetteranno, se applicherai tutto con costanza e dedizione, di stabilire con precisione cosa effettivamente vuoi realizzare e come fare ad ottenerlo per diventare il leader della tua vita.

Ti invito a metterti alla ricerca del tuo continuo e costante miglioramento, di circostanze favorevoli e di opportunità. E se non le trovi, creale. Proprio come fanno i leader. Per diventare ed essere il leader della tua vita devi prendere coscienza che sei stato in passato, nel presente e nel futuro, sempre e solo tu il *responsabile* delle tue azioni. Impara a controllare ciò che ti accade e quando non riesci, con la giusta flessibilità, valutazione ed interpretazione, impara a dare sempre e comunque un senso, un significato agli eventi che ti accadono.

Ho potuto superare gli ostacoli in cui mi sono imbattuto e ricominciare una nuova vita, sia dopo i 2 anni passati in ospedale che dopo la tragedia in Africa e cogliere le opportunità che si celavano dietro queste mie esperienze di vita, grazie alla mia capacità di saper direzionare i miei pensieri su qualcosa di produttivo e motivante e saper gestire le mie emozioni in base all' interpretazione degli eventi da cui ho tratto *4 grandi insegnamenti* e che, ora, rappresentano i capisaldi della mia vita.

Sei sempre e solo tu il responsabile delle azioni che compi e dei risultati che ottieni. Continuare a piangermi addosso in ospedale o chiudermi al mondo dopo l'incidente in Kenya non serviva a nulla ma avrebbe solo contribuito, in entrambi i casi, a peggiorare il mio stato psicologico;

Se ti poni domande di qualità otterrai risposte di qualità. In gergo informatico gli americani sono soliti indicare tale processo con il termine GIGO (*Garbage in, Garbage out*) che, liberamente tradotto, significa che se inserisci porcherie non potrai produrre che porcheria. Quella notte in ospedale, in cui formulai la domanda su come poter investire il tempo a mia disposizione, è stata la chiave di volta che ha permesso di diventare finalmente leader di me stesso e di evitare, da quel momento in poi, di vivere passivamente la mia vita;

Abbattere le barriere che abbiamo nella mente sprigiona la creatività indirizzando il nostro cervello su ciò che risulta più produttivo per noi e sviluppando il nostro infinito potenziale;

Grazie al mio atteggiamento mentale positivo ho saputo

cogliere, da ogni situazione che ti ho raccontato, l'opportunità per diventare una persona e un professionista ancora più capace, sicuro e affidabile.

In conclusione, di questo mio libro, la morale è che, molto di quanto realizziamo nella nostra vita, dipende dalla nostra capacità di programmare ciò che desideriamo realizzare, dalle nostre convinzioni su ciò che pensiamo di poter realizzare o diventare e in base alla valutazione che diamo di noi stessi.

Siamo il frutto dei nostri condizionamenti interni ed esterni, dei nostri pensieri, delle nostre azioni e ciò che alla fine realizziamo è solo il frutto delle nostre responsabilità.

******

Se vuoi rimanere in contatto con me, continua a seguirmi, mettendo il tuo "mi piace" alla mia pagina ufficiale facebook www.facebook.com/dralexabate/, all'interno della quale, potrai visionare i miei video e altri contenuti di valore utili per la tua crescita personale e professionale. Attraverso la mia pagina facebook e il mio sito web www.alexabate.com, ti terrò sempre aggiornato sulle mie iniziative, corsi e sulla mia Accademia AIPEC® - Accademia Internazionale Performance Coach frequentata da Imprenditori, Professionisti e da tutti coloro che vogliono acquisire la Cerificazione di Coach Professionisti www.aipec.academy. E, qualora volessi avere informazioni su come poterti seguire in un percorso di coaching, scrivimi a dr.abate@alexabate.com, sarò onorato di essere il tuo coach.

È stato un piacere fare questo percorso con te.
Un caro abbraccio e buona vita…da leader.

Alex ABATE

www.ingramcontent.com/pod-product-compliance
Lightning Source LLC
Chambersburg PA
CBHW071849200326
41519CB00016B/4302